샬롬!
기초 히브리어

임채의 지음 | **이나현** 감수

시원스쿨닷컴

샬롬!
기초 히브리어

초판 1쇄 발행 2021년 9월 3일
초판 4쇄 발행 2023년 11월 10일

지은이 임채의
펴낸곳 (주)에스제이더블유인터내셔널
펴낸이 양홍걸 이시원

홈페이지 hebrew.siwonschool.com
주소 서울시 영등포구 국회대로74길 12 시원스쿨
교재 구입 문의 02)2014-8151
고객센터 02)6409-0878

ISBN 979-11-6150-515-2 13790
Number 1-571110-25252599-04

머리말

히브리어와 이스라엘에 대한 학습에 막 발을 딛으신 독자분들을 환영합니다.

이스라엘 유학, 성지 순례 또는 여행, 현지 사업 계획, 구약 성경 연구와 같은 학문적 목적 등 학습의 계기는 다양할 것이라 생각합니다. 기존의 어렵고 딱딱한 히브리어 학습으로 '히포자'의 위기에 처한 분들도 계시리라 생각합니다.

여러분은 '히브리어'하면 어떤 느낌이 드시는지 궁금합니다. 제가 처음 히브리어의 세계에 입문하던 시절을 돌이켜보면, 이스라엘이라는 나라와 히브리어라는 언어가 참 생소하고 막연하게 느껴졌던 것 같습니다. 개인적으로는 이스라엘에서의 학업을 시작하기 전 한국에서 히브리어를 배워서 가고 싶었지만, 기회가 많지 않았습니다. 이스라엘을 생각하면 허허벌판 광야 정도가 생각날 만큼 정보도 없다시피 했지요.

이스라엘의 공용어이자 구약 성경이 기록된 언어로서 높은 가치를 지닌 히브리어지만, 예전의 저처럼 이제 막 입문하는 단계에서는 일단 낯설고 어렵게만 느껴질 수 있습니다. 그러한 독자분들을 돕기 위해 이 책을 기획했습니다. 조금이라도 더 쉽고 빠르게, 자연스럽게 히브리어를 접하고 익히실 수 있도록 심혈을 기울였습니다.

먼저 알파벳부터 차근차근, 준비 학습을 통해 히브리어 자모음과 가장 기본적인 대명사를 다지고, 본 PART 학습에서는 히브리어 문장을 만들어 읽고 말하는 연습을 반복 트레이닝하세요. 가장 기본적인 형태의 문장부터, 이스라엘 실생활에서 자주 사용하는 생생한 표현들까지 익힐 수 있습니다.

각 UNIT의 학습 목표에 해당하는 내용을 숙지하며 다채롭게 활용하며, 특히 연습 문제를 통해 스스로 복습함으로써 더욱 확실하게 내 것으로 만들어야 합니다. 오늘의 학습 정리 코너에서는 매 UNIT의 주요 학습 내용을 얼마나 제대로 익혔는지 꼼꼼하게 점검하세요. PART마다 마련한 쉬어가기 코너에서는 이야깃거리를 즐기실 수 있습니다. 이스라엘의 주요 도시와 관광 명소, 명절, 역사 등 제가 직접 이스라엘에서 7년 동안 생생하게 체험한 문화를 담았습니다.

실제로 히브리어를 연구하면서 저야말로 늘 많은 부분을 새롭게 발견합니다. 이 책을 접하신 여러분께서도 그런 기쁨을 느끼시게 되길 진심으로 소망하며, 이 책이 출간될 수 있도록 도움을 주신 모든 분들께 감사를 드립니다.

히브리어를 학습하시는 여러분을 진심으로 응원합니다.

저자 임채의

이 책의 구성과 특징

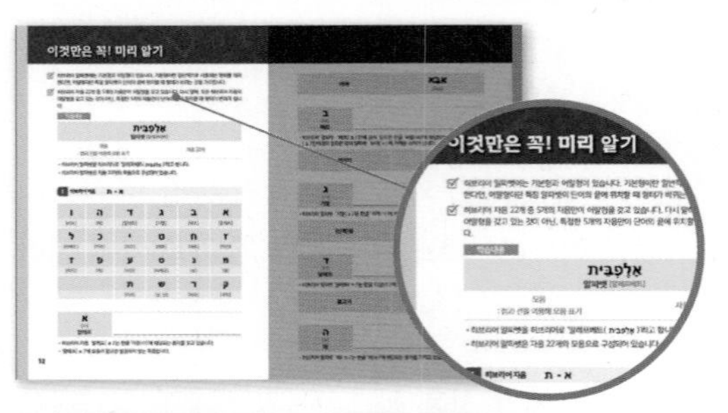

이것만은 꼭! 미리 알기

본격 히브리어 학습을 시작하기 전, 히브리어는 어떤 언어이며 이스라엘은 어떤 나라인지에서부터 알파벳과 발음, 모음 표기 방법, 대명사와 인칭 대명사의 종류까지 기초를 탄탄히 다지세요.

학습내용 미리보기

각 PART와 UNIT에서 오늘은 어떤 회화와 문법을 배울지 살펴보세요. 유네스코 세계문화유산으로 선정된 이스라엘 관련 유명한 곳들의 모습을 감상하며 히브리어를 한층 가까이 느낄 수 있을 거예요.

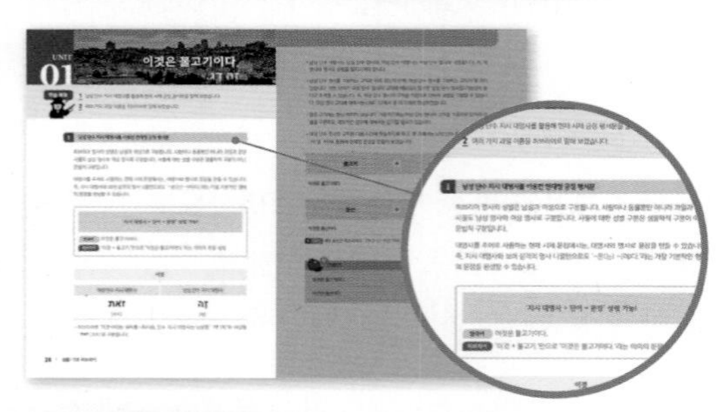

핵심 문장으로 학습 목표 파악하기

오늘의 학습을 대표하는 핵심 문장을 살펴보세요. 그다음 바로 아래 제시된 학습 목표를 읽으면서 자연스럽게 오늘 특히 집중해서 익힐 사항은 무엇인지 되새긴다면, 본문 학습의 효율이 더욱 높아질 거예요.

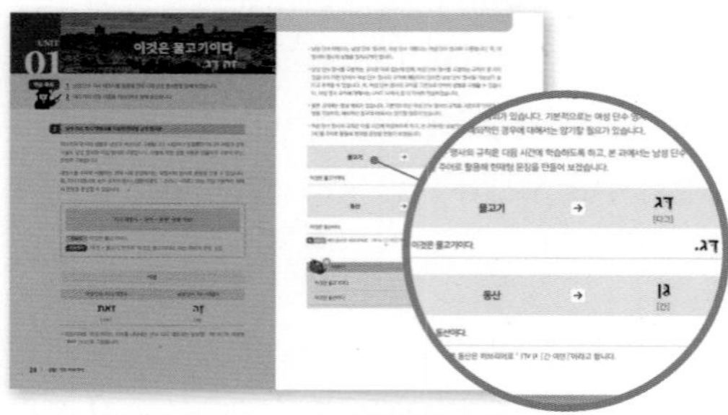

본문 학습하기

친절하고 자세한 설명을 차근차근 따라가며 오늘의 학습을 익히세요. 설명에 이어 한눈에 들어오는 표와 예문을 통해 여러 번 반복되는 구성으로, 따로 예습과 복습을 하지 않아도 히브리어 암기에 도움이 될 거예요.

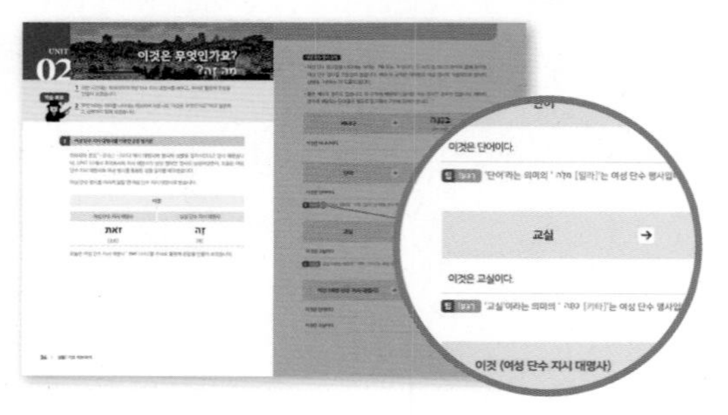

꿀 Tip 챙기기

한 걸음 더 추가된 어휘와 알아두면 유용한 문법 Tip, 이스라엘 문화 관련 정보까지 놓치지 말고 챙기세요. 히브리어를 보다 꼼꼼히 이해하고 활용할 수 있을 거예요.

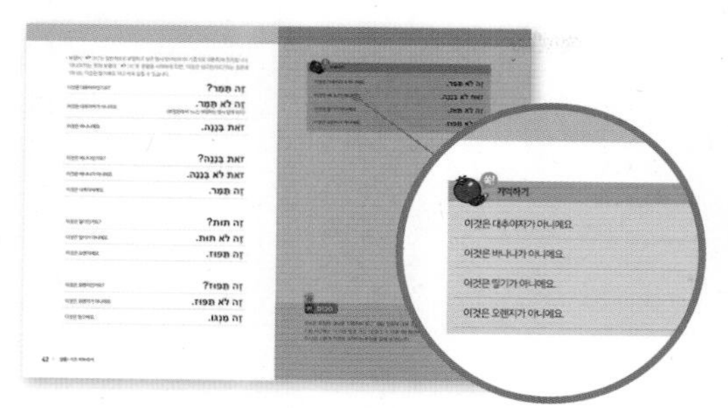

쏙! 기억하기

오늘 배운 주요 표현들을 한눈에 다시 한 번 정리해 보세요. 바로 기억나지 않는 문장은 앞으로 돌아가 다시 한 번 복습하며 확실하게 내 것으로 만드세요.

정리하기

오늘 학습한 내용을 마무리하고 다음 시간으로 이어지는 학습 내용을 제시하여, 목표를 잃지 않고 꾸준히 스스로 학습할 수 있도록 돕습니다.

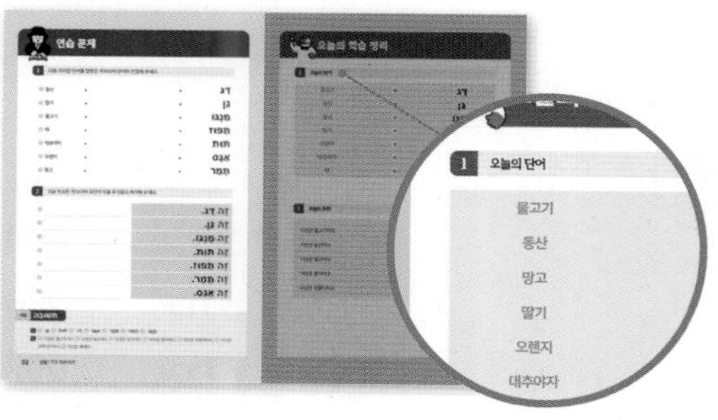

연습 문제

외국어 학습에서 얼마나 완벽하게 이해하고 습득했는지 점검하는 과정은 필수입니다. 틀린 문제는 앞으로 돌아가 복습하고, 해당 부분을 여러 번 다시 읽으며 빠짐없이 학습하세요.

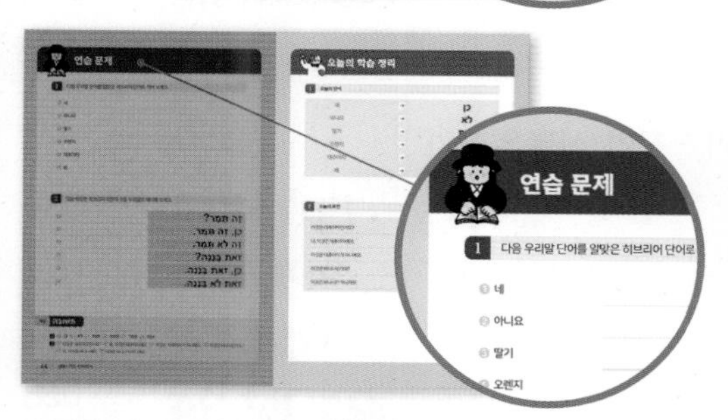

오늘의 학습 총정리하기

오늘의 핵심 단어와 표현을 마지막으로 반복 정리하며 학습을 마무리하세요. 잘 기억이 나지 않는 단어나 바로 문장이 떠오르지 않는 표현은 따로 표시하거나 노트에 옮겨 적어 나만의 사전으로 활용해도 좋습니다.

특별 혜택

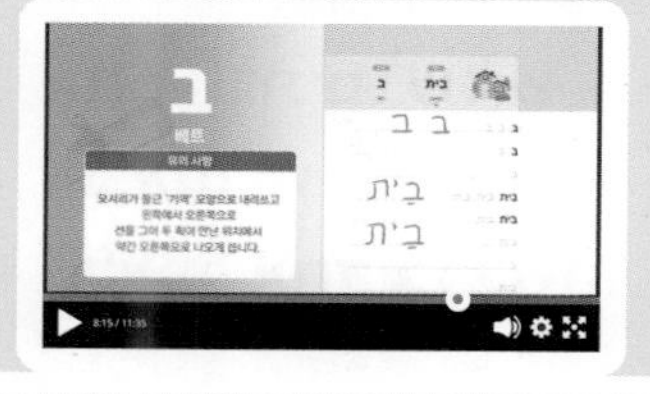

무료 알파벳 따라쓰기 강의

히브리어 기초 학습에서 올바른 알파벳 쓰기는 매우 중요합니다. 무료 강의와 함께 알파벳과 단어를 인쇄체와 필기체로 따라 써 보세요.

목차

이스라엘은 어떤 나라?

이스라엘은 1948년에 설립된 국가입니다. 중동에 위치한 국가로서 레바논, 시리아, 요르단 그리고 이집트와 같은 나라들이 주변에 인접해 있습니다. 왼쪽으로는 지중해를 끼고 있어 고대부터 로마 그리고 그리스와 같은 국가들과 해로를 통해 문화적, 산업적 교류가 활발히 이루어졌습니다.

인구수는 2019년 기준으로 905만명입니다. 그 중 75%에 해당되는 유대인들은 680만명이고, 17%를 차지하는 아랍인들은 160만명, 아랍계 기독교인들을 포함한 그 외의 8%는 65만명 가량입니다.

해마다 전 세계의 많은 사람들이 성지 순례, 유학, 사업과 같은 목적으로 이스라엘을 방문합니다. 예루살렘의 황금돔과 통곡의 벽, 베들레헴의 예수 탄생 기념 교회, 갈릴리 호수와 가버나움은 역사적 배경이 되는 장소들로서 많은 사람들은 여행 목적으로도 이스라엘을 방문합니다.

이스라엘은 '창업국가(Start-Up Nation)'라고도 불립니다. IT 관련 스타트업 기업들이 현재 이스라엘에서 활발히 활동하고 있습니다. 대표적인 기업으로는 자율주행 자동차 분야의 모빌아이(Mobileye), AI 기술 기반 보험 기업 레모네이드(Lemonade), 핀테크 분야의 블루바인(Blue Vine) 등이 있습니다. 텔아비브 그리고 하이파와 같은 도시들을 중심으로 유망한 기업들이 설립되고 발전하고 있습니다.

국가명 이스라엘

수도 예루살렘(이스라엘 헌법상), 텔아비브(국제법상)

면적 20,325㎢(점령지역 제외, 한반도 $\frac{1}{10}$ 배)

인구 905만명('19)

종교 유대교(74.8%), 이슬람교(17.6%), 기독교(2.0%), 드루즈(1.6%), 기타(4%)

GDP $394.93 billion (2019 est.)

화폐 단위 세켈

출처 대한민국 외교부, 대한무역투자진흥공사, The WORLD FACTBOOK (CIA), 이스라엘 통계청

현대 히브리어와 성서 히브리어

히브리어는 이스라엘의 공용어이자 구약 성경이 기록된 언어로서도 우리에게 잘 알려져 있습니다. 히브리어의 역사는 보통 성서 히브리어, 미쉬나 히브리어, 중세 히브리어 그리고 현대 히브리어 이렇게 네 기간으로 구분됩니다.

성서 히브리어는 구약 성경에 기록되어 있는 히브리어를 가리킵니다. 아람어로 기록되어 있는 몇몇 부분을 제외하고는 대부분의 구약 성경이 히브리어로 기록되었습니다.

유대인들이 전 세계에 뿔뿔이 흩어져 지낸 디아스포라(Diaspora) 기간 동안 일상적인 언어로서의 히브리어는 한동안 자취를 감추게 되었습니다. (여기서의 디아스포라는 유대 민족이 AD 70년 예루살렘이 로마 제국에 함락된 이후부터, 1948년 이스라엘 국가가 설립될 때까지 전 세계에 흩어져 지낸 기간을 가리킵니다.) 그러나 19세기에 들어서 엘리에제르 벤 예후다(אֱלִיעֶזֶר בֶּן-יְהוּדָה)를 중심으로 히브리어 부흥 운동이 일어나게 됩니다. 그리고 그는 많은 학자들과 함께 과거부터 사용되어 온 히브리어를 바탕으로 지금의 현대 히브리어를 탄생시킵니다.

성서 히브리어와 현대 히브리어는 문법과 구조에 있어 차이점을 가지고 있지만, 현대 히브리어가 성서 히브리어를 바탕으로 형성되었기 때문에 이 둘은 분명한 연관성을 가지고 있습니다. 성서 히브리어는 '고어(古語)'이다 보니 학습하는 데 자칫 어려움을 느낄 수 있는데요. 현대 히브리어를 통해 단어 하나하나, 문장 하나하나를 학습하면 성서 히브리어에 조금 더 자연스럽게 접근할 수 있습니다.

히브리어의 특징

히브리어는 오른쪽에서 왼쪽으로 읽고 쓰는 특징을 가지고 있습니다. 히브리어로 쓰인 도서는 책의 표지 앞면이 오른쪽에 있고, 책장을 오른쪽으로 넘기면서 내용을 읽을 수 있도록 되어 있습니다.

히브리어의 글자체는 크게 인쇄체와 필기체로 구분됩니다. 인쇄체는 도서, 출판, 신문, 전자상에서 사용됩니다. 히브리어로 된 자료와 길거리에 있는 간판은 대부분 인쇄체로 되어 있기 때문에 보고 읽을 수 있도록 눈에 익히는 것이 중요합니다. 또한, 컴퓨터로 타자를 칠 때도 인쇄체가 사용됩니다.

필기체는 손으로 기록하거나 작성할 때 많이 사용됩니다. 이스라엘 사람들은 일상에서 무언가를 손으로 기록할 때 특별한 경우를 제외하고는 필기체를 사용합니다. 왜냐하면 손으로 히브리어를 쓰기에는 필기체가 더 용이하기 때문입니다. 현지인들은 히브리어를 손으로 작성할 때 대부분 필기체를 씁니다.

그러므로 본서에 작성되어 있는 히브리어 알파벳과 단어 그리고 문장은 인쇄체로 되어 있지만, 독자가 손으로 직접 히브리어를 쓰고 기록할 때는 필기체를 사용하도록 노력해 보시기 바랍니다. 글을 읽고 타자를 쳐서 입력하는 것은 인쇄체로, 손으로 쓰는 것은 필기체로 학습하시면 되겠습니다.

현대 히브리어는 모음 기호 없이도 사용됩니다. 신문을 보시면 많은 경우에 모음 기호 없이 자음과 모음 문자로만 작성되어 있는 것을 볼 수 있습니다. 그러나 일반적으로 히브리어 입문자용 교재나 동화책에는 모음 기호와 함께 표기되어 있습니다. 그 이유는 히브리어를 처음 학습할 땐 읽는 방법을 정확하게 배워야 하기 때문입니다.

본서는 히브리어 단어와 문장을 읽고 말하는 것을 학습하기 위한 목적으로 제작되었기 때문에 모든 단어와 문장에 모음 기호가 표기되어 있습니다.

이것만은 꼭! 미리 알기

- 히브리어 알파벳에는 기본형과 어말형이 있습니다. 기본형이란 일반적으로 사용되는 형태를 의미한다면, 어말형이란 특정 알파벳이 단어의 끝에 위치할 때 형태가 바뀌는 것을 가리킵니다.
- 히브리어 자음 22개 중 5개의 자음만이 어말형을 갖고 있습니다. 다시 말해, 모든 히브리어 자음이 어말형을 갖고 있는 것이 아닌, 특정한 5개의 자음만이 단어의 끝에 위치할 때 형태가 변하게 됩니다.

학습내용

אָלֶפְבֵּית
알파벳 [알레프베트]

모음 : 점과 선을 이용해 모음 표기	자음 22개

- 히브리어 알파벳을 히브리어로 '알레프베트(אָלֶפְבֵּית)'라고 합니다.
- 히브리어 알파벳은 자음 22개와 모음으로 구성되어 있습니다.

1 히브리어 자음 א - ת

ו	ה	ד	ג	ב	א
[바브]	[헤]	[달레트]	[기멜]	[베트]	[알레프]
ל	כ	י	ט	ח	ז
[라메드]	[카프]	[요드]	[테트]	[헤트]	[자인]
צ	פ	ע	ס	נ	מ
[짜디]	[페]	[아인]	[싸메크]	[눈]	[멤]
		ת	ש	ר	ק
		[타브]	[쉰, 씬]	[레쉬]	[쿠프]

א [ㅇ] **알레프**	______________________________

- 히브리어 자음 '알레프(א)'는 한글 '이응(ㅇ)'에 해당되는 음가를 갖고 있습니다.
- '알레프(א)'에 모음이 없으면 발음되지 않는 묵음입니다.

아빠	אַבָּא [아바]

ב [ㅂ] **베트**	

◦ 히브리어 알파벳 '베트(ב)'안에 점이 있으면 한글 '비읍(ㅂ)'에 해당되는 소리가 나고, '베트(ב)'안에 점이 없으면 영어 알파벳 '브이(v)'에 가까운 소리가 납니다.

아버지	אָב [아브]

ג [ㄱ] **기멜**	

◦ 히브리어 알파벳 '기멜(ג)'은 한글 '기역(ㄱ)'에 해당되는 음가를 가지고 있습니다

(신체) 등	גַּב [가브]

ד [ㄷ] **달레트**	

◦ 히브리어 알파벳 '달레트(ד)'는 한글 '디귿(ㄷ)'에 해당되는 음가를 가지고 있습니다.

물고기	דָּג [다그]

ה [ㅎ] **헤**	

◦ 히브리어 알파벳 '헤(ה)'는 한글 '히읗(ㅎ)'에 해당되는 음가를 가지고 있습니다

산	הַר [하르]

ו [ㅂ, v] **바브**	

∘ 히브리어 알파벳 '바브(ו)'는 영어 '브이(v)'에 가까운 '비읍(ㅂ)' 소리가 납니다. 윗니를 아랫입술에 살짝 붙였다 떼면서 소리를 내면 됩니다.

고리, 갈고리	וָו [바브]

ז [ㅈ, z] **자인**	

∘ 히브리어 알파벳 '자인(ז)'은 영어 '제트(z)'에 가까운 '지읒(ㅈ)' 소리가 납니다. 윗니와 아랫니를 살짝 붙였다 때면서 발음하면 됩니다. 마치 벌이 윙윙거리는 것과 같이 울림이 있게 발음하시면 되겠습니다.

가스	גָז [가즈]

ח [ㅎ] **헤트**	

∘ 히브리어 알파벳 '헤트(ח)'는 '히읗(ㅎ)'을 목을 긁으면서 내는 소리에 해당됩니다.

남자 형제	אָח [아흐]

ט [ㅌ] **테트**	

∘ 히브리어 알파벳 '테트(ט)'는 한글 '티읕(ㅌ)'에 해당되는 음가를 가지고 있습니다

좋은	טוֹב [토브]

י [ㅇ] 요드	

◦ 히브리어 알파벳 '요드(י)'는 한글 '이응(ㅇ)'에 해당되는 음가를 갖고 있습니다. 그런데 '요드(י)'는 'ㅏ, ㅔ, ㅗ, ㅜ' 소리에 해당되는 모음과 결합이 되면, '야, 예, 요, 유'와 같이 소리가 나는 특징을 갖고 있습니다.

◦ 참고로 히브리어에는 한글 이응(ㅇ) 받침에 해당되는 소리가 없습니다. 그렇기 때문에, 과일 망고는 히브리어로 ' מַנְגוֹ [만고]'라고 발음합니다.

어말형이란?

ו	ה	ד	ג	ב	א
[바브]	[헤]	[달레트]	[기멜]	[베트]	[알레프]
ל	כ, ך	י	ט	ח	ז
[라메드]	[카프]	[요드]	[테트]	[헤트]	[자인]
צ, ץ	פ, ף	ע	ס	נ, ן	מ, ם
[짜디]	[페]	[아인]	[싸메크]	[눈]	[멤]
		ת	ש	ר	ק
		[타브]	[쉰, 씬]	[레쉬]	[쿠프]

◦ 어말형은 알파벳의 형태가 단어의 끝(어말)에서 변하는 것을 가리킵니다. 히브리어로는 이것을 '쏘피트(סוֹפִית)'라고 합니다. 자음 22개 중, 5개의 알파벳 '카프(כ), 멤(מ), 눈(נ), 짜디(צ), 페(פ)'만이 어말형을 가지고 있습니다.

כ [카프]		
어말형 **ככך**	기본형 **ככך**	기본형 **ככך**

כ [ㅋ] **카프**	______

◦ 히브리어 알파벳 '카프(כּ)'안에 점이 있으면 한글 '키읔(ㅋ)'에 해당되는 소리가 납니다. 반면에, '카프(כ)' 안에 점이 없으면 '키읔(ㅋ)'에 목을 긁는, 성대를 울리는 소리가 납니다. 예를 들어서, 가글할 때 성대 부근에서 진동이 일어나는데 이와 유사하게 성대로 진동을 만들면서 '키읔(ㅋ)' 소리를 내면 됩니다. 그 소리는 '헤트(ח)'와 유사합니다.

숟가락	**כַּף** [카프]

ך [ㅋ] **카프 (어말형)**	______

하지만	**אַךְ** [아크]

ל [ㄹ] **라메드**	______

◦ 히브리어 알파벳 '라메드(ל)'는 한글 '리을(ㄹ)'에 해당되는 음가를 가지고 있습니다.

신, 신적 존재	**אֵל** [엘]

מ [ㅁ] **멤**	______

◦ 히브리어 알파벳 '멤(מ)'은 한글 '미음(ㅁ)'에 해당되는 음가를 가지고 있습니다.

엄마	אִמָּא [이마]

ם [ㅁ] 멤 (어말형)	

어머니	אֵם [엠]

נ [ㄴ] 눈	

◦ 히브리어 알파벳 '눈(נ)'은 한글 '니은(ㄴ)'에 해당되는 음가를 가지고 있습니다.

선지자	נָבִיא [나비]

ן [ㄴ] 눈 (어말형)	

◦ 눈의 어말형은 '바브(ו)' 보다 아래로 더 길게 내려가는 형태입니다. 그렇기 때문에 눈의 어말형을 필기체로 기록할 때, 기준선 아래로 선을 그으면 됩니다.

동산	גַּן [간]

ס [ㅆ] 싸메크	

◦ 히브리어 알파벳 '싸메크(ס)'는 한글 '쌍시옷(ㅆ)'에 해당되는 음가를 가지고 있습니다.

할아버지	סַבָּא [싸바]

ע [ㅇ] **아인**	

◦ 히브리어 알파벳 '아인(ע)'은 한글 '이응(ㅇ)'에 해당되는 음가를 갖고 있습니다.

◦ '아인(ע)'에 모음이 없으면 발음되지 않는 묵음입니다.

◦ '아인(ע)'은 목 깊은 곳에 힘을 주어 성대를 좁혀서 내는 소리로서, 본래 다른 '이응(ㅇ)' 발음과 구분이 됩니다. 그러나 현대 히브리어를 일상 생활에서 사용할 때는 '알레프(א)'의 '이응(ㅇ)'과 크게 구분하지 않기 때문에, 한글의 '이응(ㅇ)'에 해당되는 소리로 자연스럽게 발음하면 되겠습니다.

민족, 백성	עַם [암]

◦ 이스라엘 민족은 히브리어로 '**עַם יִשְׂרָאֵל** [암 이쓰라엘]'이라고 합니다.

פ [ㅍ] **페**	

◦ '페(פ)' 안에 점이 있으면 한글의 '피읖(ㅍ)'에 해당되는 소리가 나고, '페(פ)' 안에 점이 없으면 영어 '에프(f)'에 가까운 소리가 납니다. '페(פ)' 안에 점이 없는 경우에는 윗니를 아랫입술에 붙였다 떼면서, 앞니 사이로 공기를 내보내듯이 발음하면 됩니다.

입	פֶּה [페]

ף [ㅍ] **페 (어말형)**	

닭	עוֹף [오프]

צ [ㅉ] **짜디**	

◦ 히브리어 알파벳 '짜디(צ)' 는 한글 '쌍지읒(ㅉ)'에 해당되는 음가를 가지고 있습니다.

(동물) 양	**צֹאן** [쫀]

ץ [ㅉ] **짜디 (어말형)**	

나무	**עֵץ** [에쯔]

ק [ㅋ] **쿠프**	

◦ 히브리어 알파벳 '쿠프(ק)'는 한글 '키읔(ㅋ)'에 해당되는 음가를 가지고 있습니다.

선	**קַו** [카브]

ר [ㄹ] **레쉬**	

◦ 히브리어 알파벳 '레쉬(ר)'는 한글 '리을(ㄹ)'을 목을 긁으면서 내는 소리에 해당됩니다.

순간; 잠깐만요!	**רֶגַע** [레가]

ש [ㅅ, ㅆ] **쉰, 씬**	

◦ 점의 위치에 따라, 자음의 이름과 음가에 차이가 있습니다.

שׁ [ㅅ] **쉰**	

◦ 점이 우측 상단에 있으면 '쉰(שׁ)'입니다. '쉰(שׁ)'은 한글의 '시옷(ㅅ)'에 해당되는 음가를 가지고 있습니다.

머리	רֹאשׁ [로쉬]

שׂ [ㅆ] **씬**	

◦ 점이 좌측 상단에 있으면 '씬(שׂ)'입니다. '씬(שׂ)'은 한글 '쌍시옷(ㅆ)'에 해당되는 음가를 가지고 있습니다.

(여성 이름) 사라	שָׂרָה [싸라]

ת [ㅌ] **타브**	

◦ 히브리어 알파벳 '타브(ת)'는 한글 '티읕(ㅌ)'에 해당되는 음가를 가지고 있습니다.

할머니	סָבְתָא [싸브타]

2 히브리어 모음

히브리어 모음: [ㅏ, ㅔ, ㅣ, ㅗ, ㅜ]로 발음

단모음 장모음

- 히브리어의 모음은 언어학적으로 크게 장모음과 단모음으로 구분됩니다. 문자 그대로, 장모음은 소리가 긴 모음을 의미하고 단모음은 소리가 짧은 모음을 가리킵니다. 그리고 단모음보다 소리가 짧은 모음은 반모음이라고 합니다.
- 그러나 이러한 구분은 언어학적인 구분일 뿐 현대 히브리어에서는 장모음이라고 해서 의식적으로 소리를 길게 내거나 단모음이라고 해서 소리를 짧게 내지 않습니다.
- 본서는 단어와 문장을 히브리어로 읽고 말하는 것에 중점을 두고 있기 때문에, '아, 에, 이, 오, 우'라는 모음의 소리를 기준으로 학습하도록 하겠습니다.

1. 모음 기호

- 모음 기호란 히브리어의 모음 소리 'ㅏ, ㅔ, ㅣ, ㅗ, ㅜ'를 점과 선을 이용해 표기한 것을 가리킵니다

	[ㅏ]	[ㅔ]	[ㅣ]	[ㅗ]	[ㅜ]
장모음	◌ָ	◌ֵ		◌ֹ	
단모음	◌ַ	◌ֶ	◌ִ		◌ֻ
반모음	◌ֲ	◌ֱ			

- 네모칸에 자음이 들어간다고 생각하시면 됩니다.

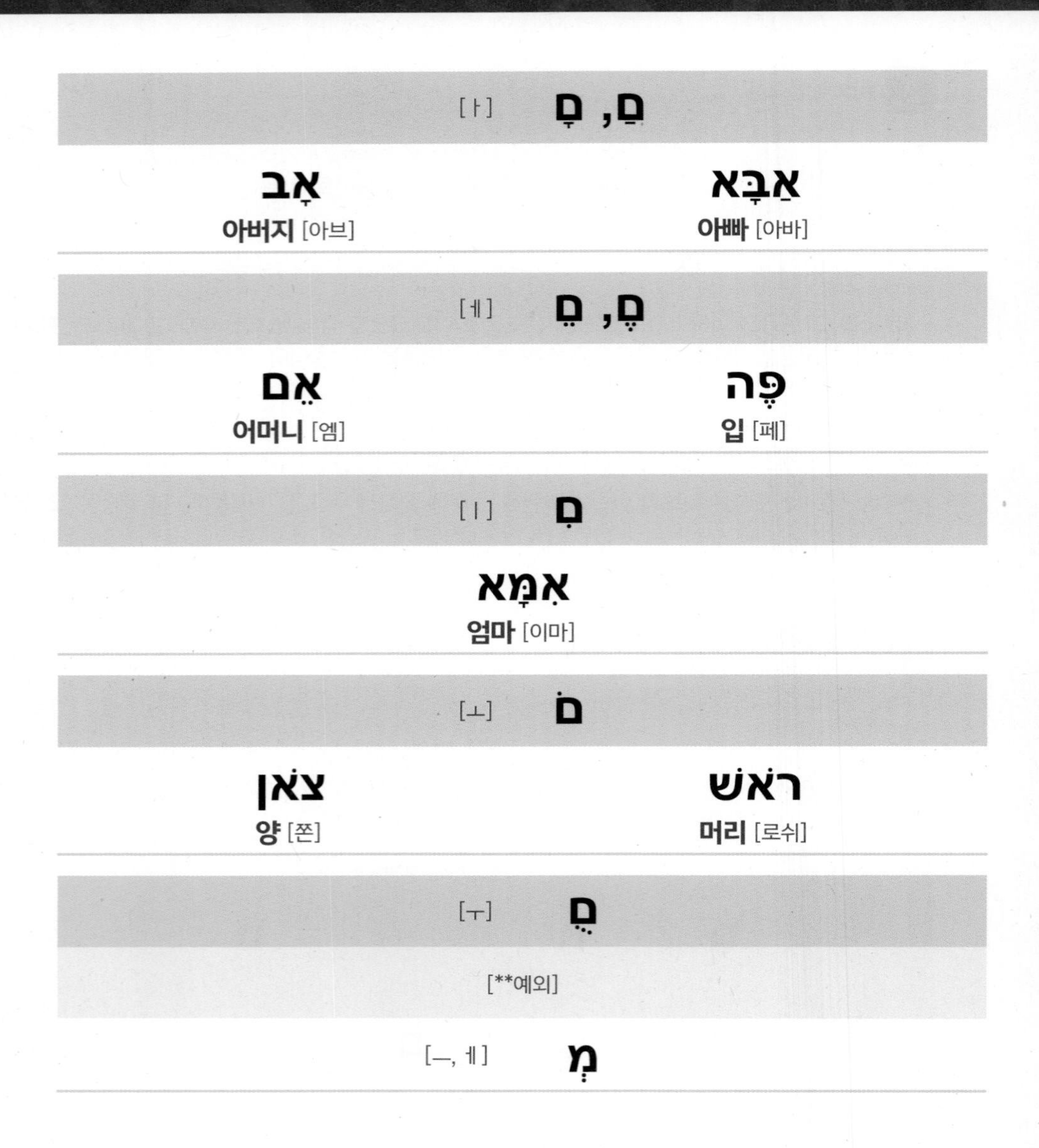

2. 모음 문자

◦ 모음 문자란 모음 표기를 보조해 주는 문자를 말합니다. 히브리어에서는 '헤(ה)', '바브(ו)', '요드(י)' 세 문자가 모음 문자로서도 사용됩니다. 이 세 문자가 모음 문자로서 기능할 때는, 각 문자의 자음으로서의 고유한 소리는 내지 않습니다. 그 대신, 점과 선으로 함께 표기된 모음 기호의 소리를 따라 발음됩니다.

히브리어 모음 표기 방법

모음 기호	모음 문자 : 3개의 모음 문자

	[ㅏ]	[ㅔ]	[ㅣ]	[ㅗ]	[ㅜ]
장모음	מָה	מֵי	מִי	מוֹ	מוּ
		מֶה			

모음 문자

ה　　　ו　　　י

- 3개의 모음 문자가 모음 표기를 보조합니다.
- 3개의 알파벳 아래에 모음 기호가 없으면, 모음 문자로서 사용되는 것을 알 수 있습니다.

[ㅏ] מָה	
[ㅔ] מֶה, מֵי	פֶּה **입** [페]
[ㅣ] מִי	
[ㅗ] מוֹ	
[ㅜ] מוּ	

3 대명사

이것(들)		
복수 대명사	여성 단수 대명사	남성 단수 대명사
אֵלֶּה [엘레]	זֹאת [조트]	זֶה [제]

זֶה
이것 (남성 단수) [제]

אֵלֶּה
이것 (여성 단수) [조트]

אֵלֶּה
이것들 (복수) [엘레]

4 인칭 대명사

3인칭 여성	3인칭 남성	2인칭 여성	2인칭 남성	1인칭 남성, 여성	
הִיא [히]	הוּא [후]	אַתְּ [아트]	אַתָּה [아타]	אֲנִי [아니]	단수
הֵן [헨]	הֵם [헴]	אַתֶּן [아텐]	אַתֶּם [아템]	אֲנַחְנוּ [아나흐누]	복수

אֲנִי
나 (1인칭 단수) [아니]
**남성, 여성 동일

אַתָּה

너, 당신 (2인칭 남성 단수) [아타]

אַתְּ

너, 당신 (2인칭 여성 단수) [아트]

הוּא

그 (3인칭 남성 단수) [후]

הִיא

그녀 (3인칭 여성 단수) [히]

אֲנַחְנוּ

우리 (1인칭 복수) [아나흐누]

**남성, 여성 동일

אַתֶּם

너희들, 당신들 (2인칭 남성 복수) [아템]

אַתֶּן

너희들, 당신들 (2인칭 여성 복수) [아텐]

הֵם

그들 (3인칭 남성 복수) [헴]

הֵן

그녀들 (3인칭 여성 복수) [헨]

PART 01

예루살렘 옛 시가지와 성곽

Old City of Jerusalem and Its Walls

대명사를 이용한 현재 시제 문장 만들기

사물, 과일 이름 말하기

UNIT 01

이것은 물고기이다.

.זֶה דָג

1 남성 단수 지시 대명사를 활용해 현재 시제 긍정 평서문을 말해 보겠습니다.

2 여러 가지 과일 이름을 히브리어로 말해 보겠습니다.

1 남성 단수 지시 대명사를 이용한 현재형 긍정 평서문

히브리어 명사의 성별은 남성과 여성으로 구분됩니다. 사람이나 동물뿐만 아니라 과일과 같은 사물도 남성 명사와 여성 명사로 구분합니다. 사물에 대한 성별 구분은 생물학적 구분이 아닌, 문법적 구분입니다.

대명사를 주어로 사용하는 현재 시제 문장에서는, 대명사와 명사로 문장을 만들 수 있습니다. 즉, 지시 대명사와 보어 성격의 명사 나열만으로도 '~은(는) ~(이)다.'라는 가장 기본적인 형태의 문장을 완성할 수 있습니다.

'지시 대명사 + 단어 = 문장' 성립 가능!

한국어 이것은 물고기이다.

히브리어 '이것 + 물고기.'만으로 '이것은 물고기이다.'라는 의미의 문장 성립

이것

여성 단수 지시 대명사	남성 단수 지시 대명사
זֹאת [조트]	**זֶה** [제]

◦ 히브리어로 '이것'이라는 의미를 나타내는 단수 지시 대명사는 남성형 '**זֶה** [제]'와 여성형 '**זֹאת** [조트]'로 구분됩니다.

◦ 남성 단수 대명사는 남성 단수 명사와, 여성 단수 대명사는 여성 단수 명사와 사용됩니다. 즉, 대명사와 명사의 성별을 일치시켜야 합니다.

◦ 남성 단수 명사를 구분하는 규칙은 따로 없는 데 반해, 여성 단수 명사를 구분하는 규칙이 몇 가지 있습니다. 어떤 단어가 여성 단수 명사의 규칙에 해당되지 않으면 남성 단수 명사일 가능성이 높다고 추측할 수 있습니다. 즉, 여성 단수 명사의 규칙을 기준으로 단어의 성별을 구분할 수 있습니다. 여성 명사 규칙에 대해서는 UNIT 02에서 좀 더 자세히 학습하겠습니다.

◦ 물론 규칙에는 항상 예외가 있습니다. 기본적으로는 여성 단수 명사의 규칙을 기준으로 단어의 성별을 구분하되, 예외적인 경우에 대해서는 암기할 필요가 있습니다.

◦ 여성 단수 명사의 규칙은 다음 시간에 학습하도록 하고, 본 과에서는 남성 단수 지시 대명사 'זֶה [제]'를 주어로 활용해 현재형 문장을 만들어 보겠습니다.

물고기	→	דָּג [다그]

이것은 물고기이다. **זֶה דָּג.**

동산	→	גַּן [간]

이것은 동산이다. **זֶה גַּן.**

팁 רֶגַע! 에덴 동산은 히브리어로 'גַּן עֵדֶן [간 에덴]'이라고 합니다.

쏙! 기억하기

이것은 물고기이다.	זֶה דָּג.
이것은 동산이다.	זֶה גַּן.

2 과일 이름 학습

다양한 과일의 이름을 히브리어로 학습하고, 학습한 과일 이름 명사들을 응용하여 현재 시제 긍정 평서문을 만들어 보겠습니다.

망고 → מַנְגוֹ [만고]

이것은 망고이다. זֶה מַנְגוֹ.

앞에서 언급한 바와 같이, 히브리어에는 한글 '이응(ㅇ)' 받침에 해당되는 소리가 없습니다. 망고를 히브리어로는 ' מַנְגוֹ [만고]'라고 발음합니다.

딸기 → תּוּת [투트]

이것은 딸기이다. זֶה תּוּת.

오렌지 → תַּפּוּז [타푸즈]

이것은 오렌지이다. זֶה תַּפּוּז.

쏙! 기억하기

이것은 망고이다.	זֶה מַנְגוֹ.
이것은 딸기이다.	זֶה תּוּת.
이것은 오렌지이다.	זֶה תַּפּוּז.

대추야자	→	תָּמָר [타마르]

이것은 대추야자이다. זֶה תָּמָר.

대추야자를 히브리어로는 ' תָּמָר [타마르]'라고 합니다. 모양은 대추와 비슷하지만, 식감과 당도에서 차이가 있습니다. 대추야자는 대추와 비교했을 때 상대적으로 당도가 높습니다. 이스라엘에서는 대추야자를 생으로도 먹지만, 건조시켜서 먹기도 합니다. 말린 대추야자는 매우 쫄깃한 식감입니다.

배	→	אַגָּס [아가쓰]

이것은 배이다. זֶה אַגָּס.

이스라엘의 배는 우리나라의 배와 품종이 달라 모양에 차이가 있습니다. 한국 배는 둥그렇게 생긴 반면, 이스라엘에서 유통되는 대부분의 배는 서양 배 품종으로서 마치 조롱박처럼 8자 모양을 하고 있습니다.

쏙! 기억하기

이것은 대추야자이다.	זֶה תָּמָר.
이것은 배이다.	זֶה אַגָּס.

정리 סִכּוּם

오늘은 히브리어로 긍정 평서문을 만들어 보았는데 어떠셨나요? 이제는 남성 단수 명사일 경우 얼마든지 응용해서 '이것은 ~이다'라는 의미의 현재형 문장을 만들 수 있게 되었습니다. 또한 다양한 과일 이름이 문장에 녹아들 수 있도록 활용까지 함께 해 보았습니다. 다음 시간에는 여성 단수 지시 대명사를 주어로 활용해 문장을 만들어 보고, 나아가 질문하고 답하기까지 함께 말해 보도록 하겠습니다.

연습 문제

1 다음 우리말 단어를 알맞은 히브리어 단어와 연결해 보세요.

① 동산	• •	דָּג
② 딸기	• •	גַּן
③ 물고기	• •	מַנְגּוֹ
④ 배	• •	תַּפּוּז
⑤ 대추야자	• •	תּוּת
⑥ 오렌지	• •	אַגָּס
⑦ 망고	• •	תָּמָר

2 오늘 학습한 히브리어 표현의 뜻을 우리말로 해석해 보세요.

① ______	זֶה דָּג.
② ______	זֶה גַּן.
③ ______	זֶה מַנְגּוֹ.
④ ______	זֶה תּוּת.
⑤ ______	זֶה תַּפּוּז.
⑥ ______	זֶה תָּמָר.
⑦ ______	זֶה אַגָּס.

정답 **תְּשׁוּבָה**

1 ① גַּן ② תּוּת ③ דָּג ④ אַגָּס ⑤ תָּמָר ⑥ תַּפּוּז ⑦ מַנְגּוֹ

2 ① 이것은 물고기이다. ② 이것은 동산이다. ③ 이것은 망고이다. ④ 이것은 딸기이다. ⑤ 이것은 오렌지이다. ⑥ 이것은 대추야자이다. ⑦ 이것은 배이다.

오늘의 학습 정리

1 오늘의 단어

물고기	→	דָג
동산	→	גַן
망고	→	מַנְגוֹ
딸기	→	תוּת
오렌지	→	תַפּוּז
대추야자	→	תָמָר
배	→	אַגָס

2 오늘의 표현

이것은 물고기이다.	זֶה דָג.
이것은 동산이다.	זֶה גַן.
이것은 망고이다.	זֶה מַנְגוֹ.
이것은 딸기이다.	זֶה תוּת.
이것은 오렌지이다.	זֶה תַפּוּז.

UNIT 02

이것은 무엇인가요? ?מָה זֶה

1 이번 시간에는 히브리어의 여성 단수 지시 대명사를 배우고, 주어로 활용해 문장을 만들어 보겠습니다.

2 '무엇'이라는 의미를 나타내는 히브리어 의문사로 '이것은 무엇인가요?'라고 질문하고, 답변까지 말해 보겠습니다.

1 여성 단수 지시 대명사를 이용한 긍정 평서문

히브리어 문장 '~은(는) ~(이)다.'에서 대명사와 명사의 성별을 일치시킨다고 앞서 배웠습니다. UNIT 01에서 주어로서의 지시 대명사가 남성 형태면 명사도 남성이었듯이, 오늘은 여성 단수 지시 대명사와 여성 명사를 활용한 성별 일치를 배우겠습니다.

여성 단수 명사를 가리켜 말할 땐 여성 단수 지시 대명사로 받습니다.

이것	
여성 단수 지시 대명사	남성 단수 지시 대명사
זֹאת [조트]	זֶה [제]

오늘은 여성 단수 지시 대명사 ' זֹאת [조트]'를 주어로 활용해 문장을 만들어 보겠습니다.

여성 단수 명사 규칙

- 여성 단수 명사임을 나타내는 어미는 ָה 또는 ת 입니다. 두 어미 중 하나가 단어의 끝에 있으면 여성 단수 명사일 가능성이 높습니다. 위의 두 규칙은 대부분의 여성 명사에 적용되므로 명사의 성별을 구분하는 데 도움이 됩니다.

- 물론 예외의 경우도 있습니다. 두 규칙에 해당되지 않지만 여성 명사인 경우가 있습니다. 예외의 경우에 해당되는 단어들은 별도로 암기해서 구분해 두어야 합니다.

팁 רֶגַע! '단어'라는 의미의 ' מִלָּה [밀라]'는 여성 단수 명사입니다.

팁 רֶגַע! '교실'이라는 의미의 ' כִּתָּה [키타]'는 여성 단수 명사입니다.

이것 (여성 단수 지시 대명사)	→	זאת [조트]

이것은 단어이다.	זאת מִלָּה.
이것은 교실이다.	זאת כִּתָּה.

2 의문사가 있는 의문문

의문사란 '누가', '언제', '어디서', '왜', '무엇을', '어떻게'와 같이 무언가를 질문할 때 사용되는 품사로, 의문의 초점이 되는 사물이나 상태를 가리킵니다. 히브리어에서 의문사는 대명사 앞에 위치합니다.

한국어	이것은 무엇인가요?
히브리어	무엇 + 이것?

히브리어로 '이것은 무엇인가요?'라고 질문할 때는, '무엇'이라는 뜻의 의문사 ' מָה [마]'가 사용되며, 지시대명사는 일반적으로 '이것'을 나타내는 남성 단수 지시 대명사 ' זֶה [제]'가 쓰입니다.

무엇	→	מָה [마]

팁 !רֶגַע 의문사 ' מָה [마]'는 성별 구분이 없습니다.

쏙! 기억하기

이것은 무엇인가요?	מָה זֶה?
이것은 물고기예요.	זֶה דָּג.
이것은 동산이에요.	זֶה גַּן.
이것은 망고예요.	זֶה מַנְגּוֹ.
이것은 딸기예요.	זֶה תּוּת.
이것은 오렌지예요.	זֶה תַּפּוּז.
이것은 대추야자예요.	זֶה תָּמָר.
이것은 배예요.	זֶה אַגָּס.

이것은 무엇인가요?	מָה זֶה?
이것은 바나나예요.	זֹאת בָּנָנָה.
이것은 단어이다.	זֹאת מִלָּה.
이것은 교실이다.	זֹאת כִּתָּה.

◦ 질문할 땐 대상에 대해 모르기 때문에 ' זֶה [제]'로 말했다면, 답변할 땐 사물에 대해 알고 있으므로 위의 표와 같이 사물의 성에 부합하도록 대명사도 성을 구분해서 답변합니다.

오늘은 여성 단수 지시 대명사를 활용해 현재형 긍정 평서문을 만들어 보았습니다. 히브리어로 여성 단수 명사를 가리켜 말할 땐 여성 단수 지시 대명사가 문장 맨 앞에서 받는다는 점을 배우고, 말하기를 연습하는 시간이었습니다. 또한, '무엇'이라는 뜻을 가지고 있는 의문사 ' מָה [마]'를 활용해 묻고 답하기까지 해 보았습니다. 다음 시간에는 의문사가 없는 의문문 형태로 질문하고, 답변으로 '네', '아니요'라는 표현을 덧붙여 긍정 답변, 부정 답변으로 말하기까지 함께 해 보겠습니다.

연습 문제

1 오늘 학습한 히브리어 표현의 뜻을 우리말로 해석해 보세요.

① ______	זֶה
② ______	זֹאת
③ ______	מִלָּה
④ ______	כִּתָּה
⑤ ______	מָה
⑥ ______	בָּנָנָה
⑦ ______	תָּמָר

2 오늘 배운 표현들을 떠올리며 히브리어로 작문해 보세요.

① 이것은 단어이다. ______

② 이것은 교실이다. ______

③ 이것은 무엇인가요? ______

④ 이것은 물고기예요. ______

⑤ 이것은 딸기예요. ______

⑥ 이것은 오렌지예요. ______

⑦ 이것은 대추야자예요. ______

정답 **תְּשׁוּבָה**

1 ① 이것 (남/단) ② 이것 (여/단) ③ 단어 ④ 교실 ⑤ 무엇 ⑥ 바나나 ⑦ 대추야자

2 ① זֹאת מִלָּה. ② זֹאת כִּתָּה. ③ מָה זֶה? ④ זֶה דָּג. ⑤ זֶה תּוּת. ⑥ זֶה תַּפּוּז. ⑦ זֶה תָּמָר.

오늘의 학습 정리

1 오늘의 단어

이것 (남성 단수)	→	זֶה
이것 (여성 단수)	→	זֹאת
단어	→	מִלָּה
교실	→	כִּתָּה
무엇	→	מָה
바나나	→	בָּנָנָה

2 오늘의 표현

이것은 무엇인가요?	מָה זֶה?
이것은 딸기예요.	זֶה תּוּת.
이것은 오렌지예요.	זֶה תַּפּוּז.
이것은 단어이다.	זֹאת מִלָּה.
이것은 교실이다.	זֹאת כִּתָּה.

UNIT 03

네, 이것은 대추야자예요.
.כֵּן, זֶה תָּמָר

1 이번 시간에는 의문사가 없이 물음표만으로 만들 수 있는 의문문을 말해 보고, '네', '아니요'라는 표현과 답변 말하기까지 응용해 보겠습니다.

1 의문사가 없는 의문문

긍정 평서문에 물음표를 붙여 손쉽게 의문문을 만들 수 있습니다.

한국어	이것(남)은 + **명사(남)인가요**? 이것(여)은 + **명사(여)인가요**?
히브리어	**이것(남)** + 명사(남)? **이것(여)** + 명사(여)?

이것은 대추야자예요.	.זֶה תָּמָר
이것은 대추야자인가요?	?זֶה תָּמָר
이것은 바나나인가요?	?זֹאת בָּנָנָה

2 긍정 혹은 부정으로 답하기

아니요	네
לֹא	כֵּן
[로]	[켄]

◦ 질문에 긍정으로 답하기부터 연습해 보겠습니다.

한국어 네, 이것은 대추야자예요.
히브리어 네, + 이것 + 대추야자.

이것은 대추야자인가요?	זֶה תָּמָר?
네, 이것은 대추야자예요.	כֵּן, זֶה תָּמָר.

이것은 딸기인가요?	זֶה תּוּת?
네, 이것은 딸기예요.	כֵּן, זֶה תּוּת.

이것은 배인가요?	זֶה אַגָּס?
네, 이것은 배예요.	כֵּן, זֶה אַגָּס.

이것은 바나나인가요?	זאת בָּנָנָה?
네, 이것은 바나나예요.	כֵּן, זאת בָּנָנָה.

◦ 부정어 ' לֹא [로]'는 일반적으로 부정하고 싶은 명사 앞(히브리어 기준으로 오른쪽)에 위치합니다. '아니요'라는 뜻의 부정어 ' לֹא [로]'로 문장을 시작하게 되면, '이것은 망고인가요?'라는 질문에 '아니요, 이것은 딸기예요.'라고 바로 답할 수 있습니다.

이것은 대추야자인가요?	זֶה תָּמָר?
이것은 대추야자가 아니에요.	זֶה לֹא תָּמָר. (부정문에서 לֹא는 부정하는 명사 앞에 위치)
이것은 바나나예요.	זֹאת בָּנָנָה.

이것은 바나나인가요?	זֹאת בָּנָנָה?
이것은 바나나가 아니에요.	זֹאת לֹא בָּנָנָה.
이것은 대추야자예요.	זֶה תָּמָר.

이것은 딸기인가요?	זֶה תּוּת?
이것은 딸기가 아니에요.	זֶה לֹא תּוּת.
이것은 오렌지예요.	זֶה תַּפּוּז.

이것은 오렌지인가요?	זֶה תַּפּוּז?
이것은 오렌지가 아니에요.	זֶה לֹא תַּפּוּז.
이것은 망고예요.	זֶה מַנְגוֹ.

쏙! 기억하기

이것은 대추야자가 아니에요.	זֶה לֹא תָּמָר.
이것은 바나나가 아니에요.	זֹאת לֹא בָּנָנָה.
이것은 딸기가 아니에요.	זֶה לֹא תּוּת.
이것은 오렌지가 아니에요.	זֶה לֹא תַּפּוּז.

오늘은 특정한 대상을 지목하여 묻고, 해당 질문에 대해 긍정 또는 부정으로 답하는 표현을 배웠습니다. 다음 시간에는 '나'라는 뜻을 가진 1인칭 단수 대명사를 활용해 '나는 여행객이다.', '나는 학생이다.'와 같이 나의 신분과 직업을 표현하는 문장을 말해 보겠습니다.

연습 문제

1 다음 우리말 단어를 알맞은 히브리어 단어로 적어 보세요.

① 네 ____________________

② 아니요 ____________________

③ 딸기 ____________________

④ 오렌지 ____________________

⑤ 대추야자 ____________________

⑥ 배 ____________________

2 오늘 학습한 히브리어 표현의 뜻을 우리말로 해석해 보세요.

① ____________________	**זֶה תָּמָר?**
② ____________________	**כֵּן, זֶה תָּמָר.**
③ ____________________	**זֶה לֹא תָּמָר.**
④ ____________________	**זֹאת בָּנָנָה?**
⑤ ____________________	**כֵּן, זֹאת בָּנָנָה.**
⑥ ____________________	**זֹאת לֹא בָּנָנָה.**

정답 **תְּשׁוּבָה**

1 ① כֵּן ② לֹא ③ תּוּת ④ תַּפּוּז ⑤ תָּמָר ⑥ אַגָּס

2 ① 이것은 대추야자인가요? ② 네, 이것은 대추야자예요. ③ 이것은 대추야자가 아니에요. ④ 이것은 바나나인가요? ⑤ 네, 이것은 바나나예요. ⑥ 이것은 바나나가 아니에요.

오늘의 학습 정리

1 오늘의 단어

네	→	כֵּן
아니요	→	לֹא
딸기	→	תּוּת
오렌지	→	תַּפּוּז
대추야자	→	תָּמָר
배	→	אַגָּס

2 오늘의 표현

이것은 대추야자인가요?	זֶה תָּמָר?
네, 이것은 대추야자예요.	כֵּן, זֶה תָּמָר.
이것은 대추야자가 아니에요.	זֶה לֹא תָּמָר.
이것은 바나나인가요?	זֹאת בָּנָנָה?
이것은 바나나가 아니에요.	זֹאת לֹא בָּנָנָה.

쉬어가기

평화의 도시 예루살렘

예루살렘 전경

평화의 도시로 불리는 예루살렘은 히브리어로 ‘ יְרוּשָׁלִַם [예루샬라임]’이라고 읽습니다. 이 도시는 기독교, 유대교, 이슬람교의 성지로서 매년 많은 순례자들이 방문합니다. 아주 오래전부터 존재해 온 이 고도(古都)는 그 안에 다양한 문화와 깊은 역사의 흔적을 간직하고 있습니다.

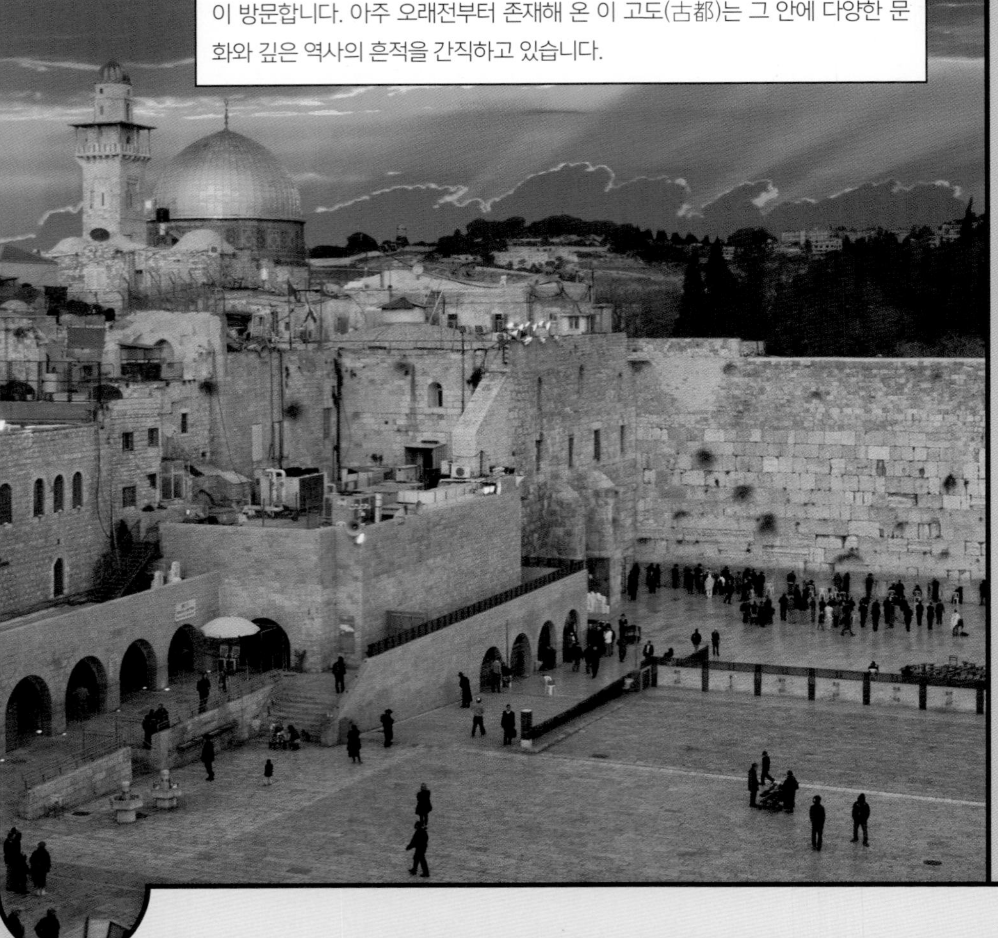

예루살렘성을 처음 방문했을 때의 설렘은 지금도 생생합니다. 다른 곳에서 볼 수 없는 이국적인 건축 양식과 풍경은 너무나 매력적입니다. 예루살렘에 있는 대부분의 건물은 석회암으로 지어져 있습니다. 그 이유는 예루살렘 인근에 있는 유대 사막에서 고대부터 비교적 쉽게 석회암을 구할 수 있었기 때문입니다. 건물 외벽들이 석회암으로 통일성 있게 지어졌기에 특유의 깊은 베이지색이 나타나며, 도시 전체가 고유한 자태를 뽐냅니다. 수많은 사람이 밟고 지나간 나머지 닳고 닳아 맨질맨질해진 구시가지 골목길 또한 인상적입니다. 구시가지 길 양편의 허름하지만 연륜이 느껴지는 상점들, 세월의 흔적을 고스란히 담고 있는 곳곳의 모습들이 깊은 정취를 자아냅니다.

통곡의 벽

예루살렘은 크게 구분하면 앞서 언급한 구(舊)시가지와 신(新)시가지로 나뉩니다. 구시가지는 히브리어로 '**הָעִיר הָעַתִּיקָה** [하이르 하아티카]'라고 합니다. 이 구역은 고대의 예루살렘성이 있던 곳으로서 황금 돔과 통곡의 벽, 성묘 교회 등 수많은 유적지가 있습니다.

신시가지는 현대에 와서 확장된 지역으로서 이스라엘 박물관 및 교육, 행정 기관들이 있습니다. 이스라엘 박물관은 쿰란의 사해 사본 등 중요한 유물들을 소장하고 있습니다. '**מַחֲנֵה יְהוּדָה** [마하네 예후다]' 시장과 '**בֶּן יְהוּדָה** [벤 예후다]' 거리에서는 팔라펠과 같은 현지 음식들도 맛볼 수 있습니다.

코드 브릿지

예루살렘에는 지상 경전철이 다닙니다. 한국의 지하철과 비교하면 운행 거리가 짧고 속도도 느리지만, 해발 약 700m 이상 높이의 산지 위에 자리 잡은 예루살렘의 지형을 고려한다면 충분히 좋은 교통수단입니다. 시내 중심에는 전철이 지나는 하프 모양의 다리가 있습니다. 다윗의 하프를 상징한다고 하는데요. '코드 브릿지'라고도 불리는 이 다리는 예루살렘의 신시가지를 대표하는 명물 중 하나입니다.

PART 02

마사다

Masada

인칭 대명사를 이용한 현재형 문장 만들기

직업, 신분 말하기

UNIT 04

나는 학생이다.
.אֲנִי תַּלְמִיד

1 히브리어 1인칭 단수 대명사를 배우고, 1인칭 단수 대명사를 주어로 활용해서 문장을 만들어 보겠습니다.

2 나의 직업과 신분에 대해 히브리어로 말해 보겠습니다.

1 1인칭 단수 대명사를 이용한 평서문

히브리어에서 대명사를 주어로 사용하는 현재 시제 문장에서는, 대명사와 명사의 나열만으로 가장 기본적인 형태의 문장을 만들 수 있습니다.

한국어	나는 학생이다.
히브리어	나 + 학생.

1인칭 단수 대명사

나 (여)	나 (남)
אֲנִי [아니]	

- 1인칭 대명사는 남녀 구분 없이 사용합니다.
- 뒤에 오는 단어는 화자의 성별에 맞게 남성 명사와 여성 명사로 구분해서 말해야 합니다. 뒤에 오는 단어의 성별을 보면, 화자가 남성인지 여성인지 알 수 있습니다.
- 히브리어에서 여성 단수 명사임을 나타내는 어미는 ָה 혹은 ת 입니다. 두 어미 중 하나가 단어의 맨 끝에 있으면 여성 단수 명사일 가능성이 높습니다. 위의 두 규칙은 대부분의 여성 단수명사에 적용되므로 반드시 기억해 두세요.
- 물론, 예외도 분명히 있습니다. 위의 두 규칙에 해당되지 않지만 여성 명사인 경우도 존재합니다. 예외적인 단어들은 별도로 암기해서 구분해야 합니다.

2 직업과 신분 말하기

학생 (남)	→	תַּלְמִיד [탈미드]

나는 학생이다. אֲנִי תַּלְמִיד.

학생 (여)	→	תַּלְמִידָה [탈미다]

나는 학생이다. אֲנִי תַּלְמִידָה.

대학생 (남)	→	סְטוּדֶנְט [스투덴트]

나는 대학생이다. אֲנִי סְטוּדֶנְט.

팁 רֶגַע! ‘תַּלְמִיד [탈미드]’는 학생을 의미한다면, ‘סְטוּדֶנְט [스투덴트]’는 대학생을 가리킵니다.

대학생 (여)	→	סְטוּדֶנְטִית [스투덴티트]

나는 대학생이다. אֲנִי סְטוּדֶנְטִית.

쏙! 기억하기

나는 학생이다. (남)	אֲנִי תַּלְמִיד.
나는 학생이다. (여)	אֲנִי תַּלְמִידָה.
나는 대학생이다. (남)	אֲנִי סְטוּדֶנְט.
나는 대학생이다. (여)	אֲנִי סְטוּדֶנְטִית.

여행객 (남) → תַּיָּר [타야르]

나는 여행객이다. **אֲנִי תַּיָּר.**

여행객 (여) → תַּיֶּרֶת [타예레트]

나는 여행객이다. **אֲנִי תַּיֶּרֶת.**

가수 (남) → זַמָּר [자마르]

나는 가수이다. **אֲנִי זַמָּר.**

가수 (여) → זַמֶּרֶת [자메레트]

나는 가수이다. **אֲנִי זַמֶּרֶת.**

쏙! 기억하기

나는 여행객이다. (남)	אֲנִי תַּיָּר.
나는 여행객이다. (여)	אֲנִי תַּיֶּרֶת.
나는 가수이다. (남)	אֲנִי זַמָּר.
나는 가수이다. (여)	אֲנִי זַמֶּרֶת.

정리 סִכּוּם

오늘은 1인칭 단수 대명사를 활용하여 문장을 만들어 보았습니다. 1인칭 단수 대명사는 남, 여 구분이 없지만 직업과 신분을 나타내는 명사는 화자의 성에 맞도록 말해야 합니다. 다음 시간에는 2인칭 단수 대명사를 배우고 문장을 만들어 보겠습니다.

연습 문제

1 다음 우리말 단어를 알맞은 히브리어 단어와 연결해 보세요.

① 학생 (여) •	• אֲנִי
② 나 •	• תַּלְמִיד
③ 대학생 (여) •	• תַּלְמִידָה
④ 여행객 (여) •	• סְטוּדֶנְט
⑤ 학생 (남) •	• סְטוּדֶנְטִית
⑥ 대학생 (남) •	• תַּיָּר
⑦ 가수 (여) •	• תַּיֶּרֶת
⑧ 여행객 (남) •	• זַמָּר
⑨ 가수 (남) •	• זַמֶּרֶת

2 오늘 학습한 히브리어 표현의 뜻을 우리말로 해석해 보세요.

① ______	אֲנִי תַּיָּר.
② ______	אֲנִי תַּיֶּרֶת.
③ ______	אֲנִי זַמָּר.
④ ______	אֲנִי זַמֶּרֶת.
⑤ ______	אֲנִי תַּלְמִיד.
⑥ ______	אֲנִי תַּלְמִידָה.

정답 **תְּשׁוּבָה**

1 ① תַּלְמִידָה ② אֲנִי ③ סְטוּדֶנְטִית ④ תַּיֶּרֶת ⑤ תַּלְמִיד ⑥ סְטוּדֶנְט ⑦ זַמֶּרֶת ⑧ תַּיָּר ⑨ זַמָּר

2 ① 나는 여행객이다. (남) ② 나는 여행객이다. (여) ③ 나는 가수이다. (남) ④ 나는 가수이다. (여) ⑤ 나는 학생이다. (남) ⑥ 나는 학생이다. (여)

오늘의 학습 정리

1 오늘의 단어

나	→	אֲנִי
학생 (남)	→	תַּלְמִיד
학생 (여)	→	תַּלְמִידָה
대학생 (남)	→	סְטוּדֶנְט
대학생 (여)	→	סְטוּדֶנְטִית
여행객 (남)	→	תַּיָּר
여행객 (여)	→	תַּיֶּרֶת
가수 (남)	→	זַמָּר
가수 (여)	→	זַמֶּרֶת

2 오늘의 표현

나는 학생이다. (남)	אֲנִי תַּלְמִיד.
나는 학생이다. (여)	אֲנִי תַּלְמִידָה.
나는 여행객이다. (남)	אֲנִי תַּיָּר.
나는 여행객이다. (여)	אֲנִי תַּיֶּרֶת.
나는 가수이다. (남)	אֲנִי זַמָּר.
나는 가수이다. (여)	אֲנִי זַמֶּרֶת.

UNIT 05

당신은 여행객이다.
אַתָּה תַּיָּר.

1 히브리어 2인칭 단수 대명사를 배우고, 2인칭 단수 대명사를 주어로 활용해서 문장을 만들어 보겠습니다.

2 상대방의 직업과 신분에 대해 히브리어로 말하기 연습을 해 보겠습니다.

1 2인칭 단수 대명사를 이용한 평서문

대명사를 주어로 사용하는 현재 시제 문장에서는, 대명사와 명사의 나열만으로 가장 기본적인 형태의 문장을 만들 수 있음을 앞서 배웠습니다.

한국어 당신은 여행객이다.
히브리어 당신 + 여행객.

2인칭 단수 대명사

너, 당신 (여)	너, 당신 (남)
אַתְּ [아트]	אַתָּה [아타]

당신은 학생이다. (남)	אַתָּה תַּלְמִיד.
당신은 대학생이다. (남)	אַתָּה סְטוּדֶנְט.
당신은 여행객이다. (남)	אַתָּה תַּיָּר.
당신은 가수이다. (남)	אַתָּה זַמָּר.

당신은 학생이다. (여)	אַתְּ תַּלְמִידָה.
당신은 대학생이다. (여)	אַתְּ סְטוּדֶנְטִית.
당신은 여행객이다. (여)	אַתְּ תַּיֶּרֶת.
당신은 가수이다. (여)	אַתְּ זַמֶּרֶת.

2 2인칭 단수 대명사를 이용한 의문문

한국어 당신은 여행객인가요?
히브리어 당신 + 여행객?

기존의 문장에 물음표를 붙이면, 질문하는 의미의 문장을 만들 수 있습니다.

2인칭 단수 대명사

너, 당신 (여)	너, 당신 (남)
אַתְּ [아트]	אַתָּה [아타]

당신은 학생인가요? (남)	אַתָּה תַּלְמִיד?
당신은 학생인가요? (여)	אַתְּ תַּלְמִידָה?

כֵּן, אֲנִי תַּלְמִיד.
네, 저는 학생이에요. (남)

כֵּן, אֲנִי תַּלְמִידָה.
네, 저는 학생이에요. (여)

אֲנִי לֹא תַּלְמִיד.
저는 학생이 아니에요. (남)

אֲנִי לֹא תַּלְמִידָה.
저는 학생이 아니에요. (여)

אַתָּה סְטוּדֶנְט?
당신은 대학생인가요? (남)

אַתְּ סְטוּדֶנְטִית?
당신은 대학생인가요? (여)

כֵּן, אֲנִי סְטוּדֶנְט.
네, 저는 대학생이에요. (남)

כֵּן, אֲנִי סְטוּדֶנְטִית.
네, 저는 대학생이에요. (여)

אֲנִי לֹא סְטוּדֶנְט.
저는 대학생이 아니에요. (남)

אֲנִי לֹא סְטוּדֶנְטִית.
저는 대학생이 아니에요. (여)

אַתָּה תַּיָּר?
당신은 여행객인가요? (남)

אַתְּ תַּיֶּרֶת?
당신은 여행객인가요? (여)

כֵּן, אֲנִי תַּיָּר.
네, 저는 여행객이에요. (남)

כֵּן, אֲנִי תַּיֶּרֶת.
네, 저는 여행객이에요. (여)

אֲנִי לֹא תַּיָּר.
저는 여행객이 아니에요. (남)

אֲנִי לֹא תַּיֶּרֶת.
저는 여행객이 아니에요. (여)

당신은 가수인가요? (남)	אַתָּה זַמָּר?
당신은 가수인가요? (여)	אַתְּ זַמֶּרֶת?
네, 저는 가수예요. (남)	כֵּן, אֲנִי זַמָּר.
네, 저는 가수예요. (여)	כֵּן, אֲנִי זַמֶּרֶת.
저는 가수가 아니에요. (남)	אֲנִי לֹא זַמָּר.
저는 가수가 아니에요. (여)	אֲנִי לֹא זַמֶּרֶת.

정리 סִכּוּם

오늘은 '너, 당신'이라는 뜻을 가진 2인칭 단수 대명사 ' אַתָּה [아타]'와 ' אַתְּ [아트]'를 이용해 문장을 만들고 말해 보았습니다. 히브리어 2인칭 대명사의 경우 남성 단수인 ' אַתָּה [아타]'와 여성 단수인 ' אַתְּ [아트]'로 구분하여, 이야기 나누는 상대방의 성별에 부합하게 말해야 합니다. 다음 시간에는 '그', '그녀'라는 뜻을 가진 3인칭 단수 대명사를 히브리어로 배우고, 3인칭 단수 대명사를 주어로 하는 문장을 말해 보겠습니다.

연습 문제

1 오늘 학습한 히브리어 표현의 뜻을 우리말로 해석해 보세요.

① ________	אַתָּה
② ________	אַתְּ
③ ________	תַּלְמִיד
④ ________	תַּלְמִידָה
⑤ ________	תַּיָּר
⑥ ________	תַּיֶּרֶת
⑦ ________	זַמָּר
⑧ ________	זַמֶּרֶת

2 오늘 배운 표현들을 떠올리며 히브리어로 작문해 보세요.

① 당신은 학생인가요? (남) ________

② 네, 저는 학생이에요. (남) ________

③ 저는 학생이 아니에요. (남) ________

④ 당신은 가수인가요? (여) ________

⑤ 네, 저는 가수예요. (여) ________

⑥ 저는 가수가 아니에요. (여) ________

정답 **תְּשׁוּבָה**

1 ① 너, 당신 (남) ② 너, 당신 (여) ③ 학생 (남) ④ 학생 (여) ⑤ 여행객 (남) ⑥ 여행객 (여) ⑦ 가수 (남) ⑧ 가수 (여)

2 ① אַתָּה תַּלְמִיד? ② כֵּן, אֲנִי תַּלְמִיד. ③ אֲנִי לֹא תַּלְמִיד. ④ אַתְּ זַמֶּרֶת? ⑤ כֵּן, אֲנִי זַמֶּרֶת. ⑥ אֲנִי לֹא זַמֶּרֶת.

오늘의 학습 정리

1 오늘의 단어

너, 당신 (남)	→	אַתָּה
너, 당신 (여)	→	אַתְּ
학생 (남)	→	תַּלְמִיד
학생 (여)	→	תַּלְמִידָה
여행객 (남)	→	תַּיָּר
여행객 (여)	→	תַּיֶּרֶת
가수 (남)	→	זַמָּר
가수 (여)	→	זַמֶּרֶת

2 오늘의 표현

당신은 여행객인가요? (남)	אַתָּה תַּיָּר?
네, 저는 여행객이에요. (남)	כֵּן, אֲנִי תַּיָּר.
저는 여행객이 아니에요. (남)	אֲנִי לֹא תַּיָּר.
당신은 여행객인가요? (여)	אַתְּ תַּיֶּרֶת?
네, 저는 여행객이에요. (여)	כֵּן, אֲנִי תַּיֶּרֶת.
저는 여행객이 아니에요. (여)	אֲנִי לֹא תַּיֶּרֶת.

UNIT 06

그녀는 군인이다.

.הִיא חַיֶּלֶת

1 히브리어 3인칭 단수 대명사를 학습하고, 3인칭 단수 대명사를 주어로 하는 문장을 만들어 말하기를 해 보겠습니다.

2 제3자의 직업과 신분에 대해 말해 보겠습니다.

1 3인칭 단수 대명사를 이용한 평서문

대명사를 주어로 사용하는 현재 시제 문장에서는, 대명사와 명사의 나열만으로 가장 기본적인 형태의 문장을 만들 수 있음을 앞서 배웠습니다.

한국어 그녀(그)는 군인이다.
히브리어 그녀(그) + 군인.

3인칭 단수 대명사

그녀 (여)	그 (남)
הִיא	**הוּא**
[히]	[후]

그는 학생이다.	הוּא תַּלְמִיד.
그는 대학생이다.	הוּא סְטוּדֶנְט.
그는 여행객이다.	הוּא תַּיָּר.
그는 가수이다.	הוּא זַמָּר.

그녀는 학생이다.	הִיא תַּלְמִידָה.
그녀는 대학생이다.	הִיא סְטוּדֶנְטִית.
그녀는 여행객이다.	הִיא תַּיֶּרֶת.
그녀는 가수이다.	הִיא זַמֶּרֶת.

군인 (남) → חַיָּל [하얄]

그는 군인이다. הוּא חַיָּל.

군인 (여) → חַיֶּלֶת [하옐레트]

그녀는 군인이다. הִיא חַיֶּלֶת.

운전기사 (남) → נַהָג [나하그]

그는 운전기사이다. הוּא נַהָג.

운전기사 (여)	→	נַהֶגֶת [나헤게트]

그녀는 운전기사이다. הִיא נַהֶגֶת.

2 3인칭 단수 대명사를 이용한 의문문

한국어 그녀(그)는 군인인가요?

히브리어 그녀(그) + 군인?

◦ 기존의 문장에 물음표를 붙이면, 의문문을 만들 수 있습니다. 의문문을 먼저 말해 보고, 긍정과 부정으로 답변도 해 봅시다.

그는 군인인가요? הוּא חַיָּל?

그녀는 군인인가요? הִיא חַיֶּלֶת?

그는 운전기사인가요? הוּא נַהָג?

그녀는 운전기사인가요? הִיא נַהֶגֶת?

그는 군인인가요? הוּא חַיָּל?

네, 그는 군인이에요. כֵּן, הוּא חַיָּל.

그는 군인이 아니에요. הוּא לֹא חַיָּל.

그녀는 군인인가요? הִיא חַיֶּלֶת?

네, 그녀는 군인이에요.	כֵּן, הִיא חַיֶּלֶת.
그녀는 군인이 아니에요.	הִיא לֹא חַיֶּלֶת.

그는 운전기사인가요?	הוּא נַהָג?
네, 그는 운전기사예요.	כֵּן, הוּא נַהָג.
그는 운전기사가 아니에요.	הוּא לֹא נַהָג.

그녀는 운전기사인가요?	הִיא נַהֶגֶת?
네, 그녀는 운전기사예요.	כֵּן, הִיא נַהֶגֶת.
그녀는 운전기사가 아니에요.	הִיא לֹא נַהֶגֶת.

정리 סִכּוּם

오늘은 3인칭 단수 대명사 ' הוּא [후]'와 ' הִיא [히]'를 학습하고, 문장에 활용해 보았습니다.
다음 시간에는 히브리어로 국적을 묻고 답해 보겠습니다.

연습 문제

1 다음 우리말 단어를 알맞은 히브리어 단어로 적어 보세요.

① 그 (남) ____________________

② 그녀 ____________________

③ 군인 (남/단) ____________________

④ 군인 (여/단) ____________________

⑤ 운전기사 (남/단) ____________________

⑥ 운전기사 (여/단) ____________________

2 오늘 학습한 히브리어 표현의 뜻을 우리말로 해석해 보세요.

① ____________________ הוּא נַהָג.

② ____________________ הִיא נַהֶגֶת.

③ ____________________ הוּא חַיָּל.

④ ____________________ הוּא חַיָּל?

⑤ ____________________ הִיא חַיֶּלֶת.

⑥ ____________________ הִיא חַיֶּלֶת?

정답 **תְּשׁוּבָה**

1 ① הוּא ② הִיא ③ חַיָּל ④ חַיֶּלֶת ⑤ נַהָג ⑥ נַהֶגֶת

2 ① 그는 운전기사이다. ② 그녀는 운전기사이다. ③ 그는 군인이다. ④ 그는 군인인가요? ⑤ 그녀는 군인이다. ⑥ 그녀는 군인인가요?

오늘의 학습 정리

1 오늘의 단어

그 (남)	→	הוּא
그녀	→	הִיא
군인 (남)	→	חַיָּל
군인 (여)	→	חַיֶּלֶת
운전기사 (남)	→	נַהָג
운전기사 (여)	→	נַהֶגֶת

2 오늘의 표현

그는 군인이다.	הוּא חַיָּל.
그녀는 군인이다.	הִיא חַיֶּלֶת.
그는 운전기사이다.	הוּא נַהָג.
그녀는 운전기사이다.	הִיא נַהֶגֶת.
그는 군인인가요?	הוּא חַיָּל?
그녀는 군인인가요?	הִיא חַיֶּלֶת?

UNIT 07

나는 한국인이다.
אֲנִי קוֹרֵיאָנִי.

1 히브리어로 국적 묻고 답하기를 말해 보겠습니다.

2 한국, 중국, 미국, 이스라엘 등 여러 국가명을 학습하고, 문장에 활용해 보겠습니다.

1 국적 묻고 답하기

히브리어에서 의문사는 문장 맨 앞에 위치하고, 대명사는 의문사 바로 뒤에 옵니다.

히브리어로 국적을 물을 때, '어디에서'라는 의미를 가진 의문사와 2인칭 단수 대명사를 활용해 문장을 완성할 수 있습니다.

한국어	당신은 어디에서 오셨나요?
히브리어	어디에서 + 당신?

어디에서 → מֵאַיִן [메아인]

2인칭 단수 대명사

당신 (여)	당신 (남)
אַתְּ [아트]	אַתָּה [아타]

당신은 어디에서 오셨나요? (남성에게)	מֵאַיִן אַתָּה?
당신은 어디에서 오셨나요? (여성에게)	מֵאַיִן אַתְּ?

2 전치사 מִ

~에서 (전치사)	→	מִ [미]

팁 רֶגַע! 전치사 מִ는 명사 앞에 붙여 사용합니다.

국가명 (명사)		
한국	קוֹרֵיאָה	מִ [미] ~에서 (전치사)
중국	סִין	
미국	אָמֶרִיקָה	
이스라엘	יִשְׂרָאֵל	

◦ 전치사 מִ 는 국가명 앞에 붙여 사용합니다.

팁 רֶגַע! 국가명 앞에 전치사가 붙을 때 표기 형태가 바뀔 수 있는 점에 유의하세요.

한국	→	קוֹרֵיאָה [코레아]
나는 한국에서 왔다.		אֲנִי מִקּוֹרֵיאָה.

중국	→	סִין [씬]
나는 중국에서 왔다.		אֲנִי מִסִּין.

1. 아메리카 대륙 2. 미국	→	אָמֶרִיקָה [아메리카]

나는 미국에서 왔다.	אֲנִי מֵאָמֶרִיקָה.

◦ 이 단어는 대륙으로서의 아메리카 또는 국가로서의 미국을 가리킬 수 있습니다. '미합중국'이라는 공식 명칭은 ' אַרְצוֹת הַבְּרִית [아르쪼트 하브리트]'라는 용어로 말합니다.

이스라엘	→	יִשְׂרָאֵל [이쓰라엘]

나는 이스라엘에서 왔다.	אֲנִי מִיִּשְׂרָאֵל.

◦ 이제 국적을 묻는 의문문을 말해 보고, 전치사와 국가명을 활용해 답변도 해 봅시다.

당신은 어디에서 오셨나요?	
מֵאַיִן אַתְּ?	מֵאַיִן אַתָּה?

저는 한국에서 왔어요.	אֲנִי מִקּוֹרֵיאָה.
저는 중국에서 왔어요.	אֲנִי מִסִּין.
저는 미국에서 왔어요.	אֲנִי מֵאָמֶרִיקָה.
저는 이스라엘에서 왔어요.	אֲנִי מִיִּשְׂרָאֵל.

◦ 지금까지는 의문사 ‘ מֵאַיִן [메아인]’으로 국적을 묻고, 전치사 ‘ מִ [미]’로 형태의 문장들로 말했다면 이번에는 ‘당신은 한국에서 오셨나요?’와 같이 특정하여 국적을 묻는 형태의 의문문으로 묻고 답해 보겠습니다.

당신은 한국에서 오셨나요? (남)	אַתָּה מִקּוֹרֵיאָה?
당신은 한국에서 오셨나요? (여)	אַתְּ מִקּוֹרֵיאָה?
네, 저는 한국에서 왔어요.	כֵּן, אֲנִי מִקּוֹרֵיאָה.

당신은 중국에서 오셨나요? (남)	אַתָּה מִסִּין?
당신은 중국에서 오셨나요? (여)	אַתְּ מִסִּין?
저는 중국에서 오지 않았어요.	אֲנִי לֹא מִסִּין.

당신은 미국에서 오셨나요? (남)	אַתָּה מֵאָמֶרְיקָה?
당신은 미국에서 오셨나요? (여)	אַתְּ מֵאָמֶרְיקָה?
저는 미국에서 오지 않았어요.	אֲנִי לֹא מֵאָמֶרְיקָה.

당신은 이스라엘에서 오셨나요? (남)	אַתָּה מִיִּשְׂרָאֵל?
당신은 이스라엘에서 오셨나요? (여)	אַתְּ מִיִּשְׂרָאֵל?
네, 저는 이스라엘에서 왔어요.	כֵּן, אֲנִי מִיִּשְׂרָאֵל.

한국인 (남)	→	קוֹרֵיאָנִי [코레아니]
당신은 한국인인가요? (남)		אַתָּה קוֹרֵיאָנִי?
네, 저는 한국인이에요. (남)		כֵּן, אֲנִי קוֹרֵיאָנִי.

한국인 (여)	→	קוֹרֵיאָנִית [코레아니트]
당신은 한국인인가요? (여)		אַתְּ קוֹרֵיאָנִית?
네, 저는 한국인이에요. (여)		כֵּן, אֲנִי קוֹרֵיאָנִית.

이스라엘인 (남)	→	יִשְׂרְאֵלִי [이쓰르엘리]
당신은 이스라엘인인가요? (남)		אַתָּה יִשְׂרְאֵלִי?
저는 이스라엘인이 아니에요. (남)		אֲנִי לֹא יִשְׂרְאֵלִי.
저는 한국인이에요. (남)		אֲנִי קוֹרֵיאָנִי.

이스라엘인 (여) →	**יִשְׂרְאֵלִית** [이쓰르엘리트]
당신은 이스라엘인인가요? (여)	**אַתְּ יִשְׂרְאֵלִית?**
저는 이스라엘인이 아니에요. (여)	**אֲנִי לֹא יִשְׂרְאֵלִית.**
저는 한국인이에요. (여)	**אֲנִי קוֹרֵיאָנִית.**

쏙! 기억하기

당신은 한국에서 오셨나요? (남)	**אַתָּה מִקּוֹרֵיאָה?**
당신은 중국에서 오셨나요? (여)	**אַתְּ מִסִּין?**
당신은 미국에서 오셨나요? (남)	**אַתָּה מֵאָמֶרִיקָה?**
당신은 이스라엘에서 오셨나요? (여)	**אַתְּ מִיִּשְׂרָאֵל?**
당신은 한국인인가요? (남)	**אַתָּה קוֹרֵיאָנִי?**
당신은 한국인인가요? (여)	**אַתְּ קוֹרֵיאָנִית?**
당신은 이스라엘인인가요? (남)	**אַתָּה יִשְׂרְאֵלִי?**
당신은 이스라엘인인가요? (여)	**אַתְּ יִשְׂרְאֵלִית?**

오늘은 지금까지 학습한 인칭 대명사를 활용해 히브리어로 국적을 묻고 답해 보았습니다. 다음 시간에는 '좋은'이라는 의미의 형용사를 히브리어로 배우고 이스라엘에서 사용되는 아침, 점심, 저녁 인사를 학습해 보도록 하겠습니다.

연습 문제

1 다음 우리말 단어를 알맞은 히브리어 단어와 연결해 보세요.

① ~에서 (전치사) •	• מֵאַיִן
② 한국 •	• מִ
③ 어디에서 •	• קוֹרֵיאָה
④ 이스라엘 •	• קוֹרֵיאָנִי
⑤ 한국인 (남) •	• קוֹרֵיאָנִית
⑥ 이스라엘인 (남) •	• יִשְׂרָאֵל
⑦ 미국 •	• יִשְׂרְאֵלִי
⑧ 한국인 (여) •	• יִשְׂרְאֵלִית
⑨ 이스라엘인 (여) •	• סִין
⑩ 중국 •	• אָמֶרִיקָה

2 오늘 학습한 히브리어 표현의 뜻을 우리말로 해석해 보세요.

① ____________	מֵאַיִן אַתָּה?
② ____________	מֵאַיִן אַתְּ?
③ ____________	אֲנִי מִקּוֹרֵיאָה.
④ ____________	אֲנִי מִיִּשְׂרָאֵל.

정답 תְּשׁוּבָה

1 ① מִ ② קוֹרֵיאָה ③ מֵאַיִן ④ יִשְׂרָאֵל ⑤ קוֹרֵיאָנִי ⑥ יִשְׂרְאֵלִי ⑦ אָמֶרִיקָה ⑧ קוֹרֵיאָנִית ⑨ יִשְׂרְאֵלִית ⑩ סִין

2 ① 당신은 어디에서 오셨나요? (남성에게) ② 당신은 어디에서 오셨나요? (여성에게) ③ 저는 한국에서 왔어요. ④ 저는 이스라엘에서 왔어요.

오늘의 학습 정리

1 오늘의 단어

어디에서	→	מֵאַיִן
~에서 (전치사)	→	מִ
한국	→	קוֹרֵיאָה
한국인 (남)	→	קוֹרֵיאָנִי
한국인 (여)	→	קוֹרֵיאָנִית
이스라엘	→	יִשְׂרָאֵל
이스라엘인 (남)	→	יִשְׂרְאֵלִי
이스라엘인 (여)	→	יִשְׂרְאֵלִית
중국	→	סִין
미국	→	אָמֶרִיקָה

2 오늘의 표현

당신은 어디에서 오셨나요? (남)	מֵאַיִן אַתָּה?
당신은 어디에서 오셨나요? (여)	מֵאַיִן אַתְּ?
저는 한국에서 왔어요.	אֲנִי מִקּוֹרֵיאָה.
저는 한국인이에요. (남)	אֲנִי קוֹרֵיאָנִי.
저는 한국인이에요. (여)	אֲנִי קוֹרֵיאָנִית.

쉬어가기

사해 사본이 있는 이스라엘 박물관

이스라엘 박물관 전경

예루살렘에 위치한 이스라엘 박물관은 1965년에 설립되었으며, 이스라엘의 역사와 문화, 예술과 종교에 관련된 전시품들을 50만 점 가까이 보유하고 있습니다. 이스라엘 박물관은 히브리어로 ' **מוּזֵאוֹן יִשְׂרָאֵל** [무제온 이쓰라엘]'이며, 히브리어로 박물관이 ' **מוּזֵאוֹן** [무제온]'입니다.

사해 사본 발견에 얽힌 일화

이스라엘 박물관을 방문하여 다양한 미술 작품과 고고학적 자료들을 관람할 수 있습니다. 고대 이스라엘 관련 유적뿐만 아니라, 인접한 이집트 그리고 중동의 메소포타미아 문명 관련 소장품도 많습니다. 또한, 그리스 로마 시대의 유물과 로마 제국 그리고 중세 십자군 전쟁의 흔적도 느껴 볼 수 있도록 시대별로 분류하여 전시하고 있습니다.

이스라엘 박물관에 전시된 중요한 고고학적 자료들 중 하나는 사해 사본입니다. 1947년 사해 인근에 위치한 쿰란 동굴에서 처음 발견되어 쿰란 사본이라고도 불립니다. 사해 사본은 지금까지 발견된 가장 오래된 성경 사본으로서 계속 연구되고 있습니다.

사해 사본 발견과 관련하여 유명한 일화가 하나 있습니다. 유대 광야에서 유목민 생활을 하고 있던 한 사람이 있었습니다. 어느 날 자신이 기르고 있던 양 한 마리가 없어진 것을 알게 되고서 사해 인근에 있는 동굴 이곳저곳을 샅샅이 살폈습니다. 그러던 중 쿰란 지역에 이르러, 혹시 양이 동굴 안에 들어가 있는지를 확인하기 위해 그 안으로 돌을 던졌다고 합니다. 그런데 항아리가 깨지는 소리가 들려 그 안으로 들어가 보니, 항아리 안에 성경 사본이 두루마리 형태로 놓여 있었다고 합니다.

학자들이 연구해 보니 기원 전 1세기에 사해 쿰란 지역에서 공동체를 이루고 살았던 에세네파(Essenism)의 흔적임이 밝혀졌습니다. 에세네파는 유대교의 한 종파로서 당시 쿰란에서 공동체를 이루고 살았습니다. 성경 필사를 중시했던 에세네파는 성경 필사본을 두루마리 형태로 말아 항아리 안에 넣어 쿰란에 있는 여러 동굴들에 보관해 놓았는데 이것이 20세기에 이르러 발견된 것이랍니다.

PART 03

베이트 셰아림의 네크로폴리스, '유대인의 부활'에 관한 기념비

Necropolis of Bet She'arim : A Landmark of Jewish Renewal

형용사를 활용해 문장 만들기

'좋은', '아름다운' 표현하기

UNIT 08

좋은 아침이에요!
בֹּקֶר טוֹב!

학습 목표

1 '좋은'이라는 의미의 형용사 표현을 학습하고 다양하게 활용해 보겠습니다.

2 이스라엘에서 사용되는 아침, 점심, 저녁 인사 표현을 배워 보겠습니다.

1 '좋은', '매우 좋은', '안 좋은' 표현

좋은	→	טוֹב [토브]
매우 좋은	→	טוֹב מְאוֹד [토브 메오드]
안 좋은	→	לֹא טוֹב [로 토브]

좋은 (남/단)	→	טוֹב [토브]

◦ '좋은'이라는 의미의 히브리어 형용사 ' טוֹב [토브]'입니다.

◦ 히브리어에서는 형용사도 남성과 여성으로 구분됩니다.

- 형용사의 성은 수식하는 명사의 성과 일치시킵니다.
- 형용사의 남성 단수 형태는 가장 기본적인 형태로서, 수식하는 대상이 없을 때는 보통 남성 단수 형태로 사용됩니다.
- 본 과에서는 남성 단수 형태인 ' טוֹב [토브]'를 기준으로 학습하도록 하겠습니다.

매우 좋은	→	טוֹב מְאוֹד [토브 메오드]

팁 !עֵצָה '매우'라는 의미의 부사 ' מְאוֹד [메오드]'는 일반적으로 형용사 뒤에(왼쪽에) 위치합니다.

안 좋은 (부정어는 형용사 앞에 위치)	→	לֹא טוֹב [로 토브]

팁 !עֵצָה '아니요'라는 의미의 부정어 ' לֹא [로]'는 부정하고 싶은 단어 앞에 위치합니다.

2 아침, 점심, 저녁 인사

한국어 좋은 아침이에요!

히브리어 아침(명사) + 좋은(형용사)!

팁 !עֵצָה 히브리어에서 형용사는 명사 뒤에 위치합니다.

팁 רֶגַע! 히브리어에서 형용사는 명사 뒤에(왼쪽에) 위치합니다.

아침	→	**בֹּקֶר** [보켈]

좋은 아침이에요! **בֹּקֶר טוֹב!** [보켈 토브]

- 상대방이 '**בֹּקֶר טוֹב** [보켈 토브]'라고 인사할 때, 똑같이 '**בֹּקֶר טוֹב** [보켈 토브]'라고 답하면 됩니다.

빛	→	**אוֹר** [오르]

좋은 아침이에요! (대답) **בֹּקֶר אוֹר!** [보켈 오르]

- '아침'이라는 뜻의 '**בֹּקֶר** [보켈]'과 '빛'이라는 의미의 '**אוֹר** [오르]'가 함께 사용된 형태로, 직역하면 '빛의 아침'입니다.
- '**בֹּקֶר אוֹר** [보켈 오르]'는 대답의 표현입니다.

점심	צָהֳרַיִם [쪼호라임]

좋은 점심이에요!

צָהֳרַיִם טוֹבִים!
[쪼호라임 토빔]

- '점심'이라는 의미의 단어 ' צָהֳרַיִם [쪼호라임]'은 문법상 복수 형태이기 때문에, 뒤에 오는 형용사도 복수 형태로 수 일치시켜야 합니다.
- 이에 형용사 ' טוֹב [토브]'도 복수 형태인 ' טוֹבִים [토빔]'으로 바뀌었음을 알 수 있습니다.
- 형용사의 복수 형태와 관련된 내용은 UNIT 16에서 자세히 다루겠습니다.

저녁	→	עֶרֶב [에레브]

좋은 저녁이에요!

עֶרֶב טוֹב!
[에레브 토브]

밤 (남/단)	→	לַיְלָה [라일라]

좋은 밤이에요!

לַיְלָה טוֹב!
[라일라 토브]

오늘은 '좋은'이라는 의미의 히브리어 형용사 ' טוֹב [토브]'를 활용해 다양한 문장을 만들어 보았습니다. ' טוֹב [토브]'를 응용해서 유용한 표현을 하나 더 배워 보겠습니다. 바로 ' מַזָּל טוֹב [마잘 토브]'입니다. ' מַזָּל טוֹב [마잘 토브]'는 '축하해요'라는 의미로서 매우 자주 사용하는 표현입니다. 다음 시간에는 '좋은', '아름다운'과 같은 형용사들의 남성 단수 형태와 여성 단수 형태를 배우고 문장에 활용해 보겠습니다.

연습 문제

1 오늘 학습한 히브리어 표현의 뜻을 우리말로 해석해 보세요.

① ______	טוֹב
② ______	טוֹב מְאוֹד
③ ______	לֹא טוֹב
④ ______	בֹּקֶר
⑤ ______	אוֹר
⑥ ______	צָהֳרַיִם
⑦ ______	עֶרֶב
⑧ ______	לַיְלָה

2 오늘 배운 표현들을 떠올리며 히브리어로 작문해 보세요.

① 좋은 ______

② 매우 좋은 ______

③ 안 좋은 ______

④ 좋은 아침이에요! ______

⑤ 좋은 저녁이에요! ______

정답 **תְּשׁוּבָה**

1 ① 좋은 ② 매우 좋은 ③ 안 좋은 ④ 아침 ⑤ 빛 ⑥ 점심 ⑦ 저녁 ⑧ 밤

2 ① טוֹב ② טוֹב מְאוֹד ③ לֹא טוֹב ④ בֹּקֶר טוֹב! ⑤ עֶרֶב טוֹב!

오늘의 학습 정리

1 오늘의 단어

좋은	→	טוֹב
매우 좋은	→	טוֹב מְאוֹד
안 좋은	→	לֹא טוֹב
아침	→	בֹּקֶר
빛	→	אוֹר
점심	→	צָהֳרַיִם
저녁	→	עֶרֶב
밤	→	לַיְלָה

2 오늘의 표현

좋은 아침이에요!	!בֹּקֶר טוֹב [보켈 토브]
좋은 아침이에요! (대답)	!בֹּקֶר אוֹר [보켈 오르]
좋은 점심이에요!	!צָהֳרַיִם טוֹבִים [쪼호라임 토빔]
좋은 저녁이에요!	!עֶרֶב טוֹב [에레브 토브]
좋은 밤이에요!	!לַיְלָה טוֹב [라일라 토브]

UNIT 09

당신은 아름다워요.
.אַתָּה יָפֶה

1 '좋은', '아름다운'을 의미하는 히브리어 형용사 표현을 각각 배우고, 해당 형용사 표현들을 활용해 문장을 만들어 보겠습니다.

2 각 형용사의 남성 단수 형태와 여성 단수 형태를 학습하고, 여성 단수 형용사를 구분할 수 있는 규칙을 살펴보겠습니다.

1 형용사의 성 구분

히브리어의 형용사는 남성과 여성으로 구분됩니다.

형용사의 성을 형용사가 수식하는 대상의 성과 일치시켜야 합니다. 예를 들어, 주어로 사용되는 대명사가 2인칭 남성 단수라면 그것을 수식하는 형용사 또한 남성 단수 형태로 성별과 수를 일치시킵니다.

여성 형용사를 나타내는 어미는 ה 입니다. 단어 끝에 ה가 있고 모음 소리가 [ㅏ]이면, 여성 단수 형용사일 가능성이 높습니다. 이러한 여성 형용사 규칙은 대부분의 여성 단수형 형용사에 적용되기 때문에 기억해 두면 형용사의 성별을 구분하는 데 도움이 됩니다.

2 형용사를 이용한 평서문

대명사를 주어로 사용하는 현재 시제 문장에서는, 대명사와 형용사만으로 문장을 만들 수 있습니다. 단어를 순서대로 나열하는 것만으로도 가장 기본적인 형태의 문장을 완성할 수 있음을 다시 한 번 기억하도록 합시다.

한국어	당신은 아름다워요.
히브리어	당신(대명사) + 아름다운(형용사).

여성 단수 지시 대명사	남성 단수 지시 대명사
이것	
זאת [조트]	זֶה [제]

좋은 (남/단)	→	טוֹב [토브]
이것은 좋아요.		זֶה טוֹב.

좋은 (여/단)	→	טוֹבָה [토바]
이것은 좋아요.		זאת טוֹבָה.

매우 좋은 (부사는 형용사 뒤에 위치)	→	טוֹב מְאוֹד [토브 메오드]
이것은 매우 좋아요. (남)		זֶה טוֹב מְאוֹד.
이것은 매우 좋아요. (여)		זאת טוֹבָה מְאוֹד.

안 좋은 (부정어는 형용사 앞에 위치)	→	לֹא טוֹב [로 토브]
이것은 안 좋아요. (남)		זֶה לֹא טוֹב.
이것은 안 좋아요. (여)		זאת לֹא טוֹבָה.

좋은 (남/단)	→	טוֹב [토브]
이것은 좋아요.		זֶה טוֹב.
이것은 매우 좋아요.		זֶה טוֹב מְאוֹד.
이것은 안 좋아요.		זֶה לֹא טוֹב.

좋은 (여/단)	→	טוֹבָה [토바]
이것은 좋아요.		זֹאת טוֹבָה.
이것은 매우 좋아요.		זֹאת טוֹבָה מְאוֹד.
이것은 안 좋아요.		זֹאת לֹא טוֹבָה.

아름다운 (남/단)	→	יָפֶה [야페]
이것은 아름다워요.		זֶה יָפֶה.
이것은 매우 아름다워요.		זֶה יָפֶה מְאוֹד.
이것은 아름답지 않아요.		זֶה לֹא יָפֶה.

아름다운 (여/단)	→	יָפָה [야파]
이것은 아름다워요.		זֹאת יָפָה.

1인칭 단수 대명사	
나 (여)	나 (남)
אֲנִי [아니]	

팁 רֶגַע! 1인칭 대명사는 남녀 구분 없이 공통으로 사용합니다.

나는 아름다워요. (남, 여)	אֲנִי יָפֶה./ אֲנִי יָפָה.

2인칭 단수 대명사	
너, 당신 (여)	너, 당신 (남)
אַתְּ [아트]	אַתָּה [아타]

나는 아름다워요. (남, 여)	אֲנִי יָפֶה./ אֲנִי יָפָה.

3인칭 단수 대명사	
너, 당신 (여)	너, 당신 (남)
הִיא [히]	הוּא [후]

그는 아름다워요. (남)	הוּא יָפֶה.
그녀는 아름다워요. (여)	הִיא יָפָה.

오늘은 '좋은' 그리고 '아름다운'이라는 뜻을 가진 형용사들의 남성 단수 형태와 여성 단수 형태를 배우고 문장에 활용해 보았습니다. 다음 시간에는 '큰', '작은', '귀여운', '건강한'이라는 형용사들을 히브리어로 학습하고 '그는 귀엽다.', '그녀는 건강하다.'와 같은 형태의 문장을 말해 보겠습니다.

연습 문제

1 다음 우리말 단어를 알맞은 히브리어 단어로 적어 보세요.

① 좋은 (남/단) ____________________

② 매우 좋은 ____________________

③ 안 좋은 ____________________

④ 좋은 (여/단) ____________________

⑤ 아름다운 (남/단) ____________________

⑥ 아름다운 (여/단) ____________________

2 오늘 학습한 히브리어 표현의 뜻을 우리말로 해석해 보세요.

① ____________________	זֶה טוֹב.
② ____________________	זֶה טוֹב מְאוֹד.
③ ____________________	זֶה לֹא טוֹב.
④ ____________________	זֶה יָפֶה.
⑤ ____________________	אַתָּה יָפֶה.
⑥ ____________________	אַתְּ יָפָה.

정답 תְּשׁוּבָה

1 ① טוֹב ② טוֹב מְאוֹד ③ לֹא טוֹב ④ טוֹבָה ⑤ יָפֶה ⑥ יָפָה

2 ① 이것은 좋아요. ② 이것은 매우 좋아요. ③ 이것은 안 좋아요. ④ 이것은 아름다워요. ⑤ 당신은 아름다워요. (남) ⑥ 당신은 아름다워요. (여)

오늘의 학습 정리

1 오늘의 단어

좋은 (남/단)	→	טוֹב
매우 좋은	→	טוֹב מְאוֹד
안 좋은	→	לֹא טוֹב
좋은 (여/단)	→	טוֹבָה
아름다운 (남/단)	→	יָפֶה
아름다운 (여/단)	→	יָפָה

2 오늘의 표현

이것은 좋아요.	זֶה טוֹב.
이것은 안 좋아요.	זֶה לֹא טוֹב.
이것은 아름다워요.	זֶה יָפֶה.
당신은 아름다워요. (남)	אַתָּה יָפֶה.
당신은 아름다워요. (여)	אַתְּ יָפָה.

UNIT 10

나는 건강하다.
.אֲנִי בָּרִיא

1 '큰', '작은', '귀여운', '건강한'과 같은 다양한 형용사 표현을 학습하고, 이러한 형용사를 활용해 문장을 만들어 말하는 것까지 함께 연습해 보겠습니다.

1 다양한 형용사 표현

한국어	나는 크다.
히브리어	나 + 큰.

대명사를 주어로 사용하는 현재 시제 문장에서는, 대명사와 명사로 문장을 만들 수 있습니다. 다시 말해, 단어를 순서대로 나열하는 것만으로도 가장 기본적인 형태의 문장을 완성할 수 있습니다.

큰 (남/단)	→	גָּדוֹל [가돌]
이것은 크다.		.זֶה גָּדוֹל
그는 덩치가 크다.		.הוּא גָּדוֹל

'큰'이라는 의미의 형용사 'גָּדוֹל [가돌]'은 사물뿐만 아니라 사람을 묘사할 때도 사용될 수 있습니다. 사람을 대상으로 사용될 때는 '덩치가 큰'이라는 뜻으로 활용됩니다.

큰 (여/단)	→	גְּדוֹלָה [그돌라]
이것은 크다.		.זֹאת גְּדוֹלָה
그녀는 덩치가 크다.		.הִיא גְּדוֹלָה

작은 (남/단)	→	קָטָן [카탄]
이것은 작다.		זֶה קָטָן.
그는 덩치가 작다.		הוּא קָטָן.

작은 (여/단)	→	קְטַנָּה [크타나]
이것은 작다.		זֹאת קְטַנָּה.
그녀는 덩치가 작다.		הִיא קְטַנָּה.

귀여운 (남/단)	→	חָמוּד [하무드]
이것은 귀엽다.		זֶה חָמוּד.
그는 귀엽다.		הוּא חָמוּד.

귀여운 (여/단)	→	חֲמוּדָה [하무다]
이것은 귀엽다.		זֹאת חֲמוּדָה.
그녀는 귀엽다.		הִיא חֲמוּדָה.

건강한 (남/단)	→	בָּרִיא [바리]

나는 건강하다.	אֲנִי בָּרִיא.
당신은 건강하다. (남)	אַתָּה בָּרִיא.
그는 건강하다.	הוּא בָּרִיא.

건강한 (여/단)	→	בְּרִיאָה [브리아]

나는 건강하다.	אֲנִי בְּרִיאָה.
당신은 건강하다. (여)	אַתְּ בְּרִיאָה.
그녀는 건강하다.	הִיא בְּרִיאָה.

건강	→	בְּרִיאוּת [브리우트]

건강하세요!	→	לִבְרִיאוּת! [리브리우트]

◦ 재채기를 한 사람에게 건네는 말입니다.

쏙! 기억하기

이것은 크다. (남)	זֶה גָּדוֹל.
이것은 크다. (여)	זֹאת גְּדוֹלָה.
이것은 작다. (남)	זֶה קָטָן.
이것은 작다. (여)	זֹאת קְטַנָּה.
이것은 귀엽다. (남)	זֶה חָמוּד.
이것은 귀엽다. (여)	זֹאת חֲמוּדָה.
나는 건강하다. (남)	אֲנִי בָּרִיא.
나는 건강하다. (여)	אֲנִי בְּרִיאָה.

오늘은 다양한 형용사 표현들을 히브리어로 배워서 문장을 만들어 보았는데요.
다음 시간에는 히브리어 숫자를 1부터 10까지 배우고, 숫자와 단어를 조합해서 물건의 개수와 수량 말하기까지 함께 학습해 보겠습니다.

연습 문제

1 다음 우리말 단어를 알맞은 히브리어 단어와 연결해 보세요.

① 큰 (남/단) •	• גָּדוֹל
② 작은 (남/단) •	• גְּדוֹלָה
③ 큰 (여/단) •	• קָטָן
④ 작은 (여/단) •	• קְטַנָּה
⑤ 건강 •	• חָמוּד
⑥ 건강한 (남/단) •	• חֲמוּדָה
⑦ 건강한 (여/단) •	• בָּרִיא
⑧ 귀여운 (남/단) •	• בְּרִיאָה
⑨ 귀여운 (여/단) •	• בְּרִיאוּת

2 오늘 학습한 히브리어 표현의 뜻을 우리말로 해석해 보세요.

① ______________ זֶה גָּדוֹל.

② ______________ זֶה קָטָן.

③ ______________ הִיא חֲמוּדָה.

④ ______________ הִיא בְּרִיאָה.

정답 **תְּשׁוּבָה**

1 ① גָּדוֹל ② קָטָן ③ גְּדוֹלָה ④ קְטַנָּה ⑤ בְּרִיאוּת ⑥ בָּרִיא ⑦ בְּרִיאָה ⑧ חָמוּד ⑨ חֲמוּדָה

2 ① 이것은 크다. (남) ② 이것은 작다. (남) ③ 그녀는 귀엽다. ④ 그녀는 건강하다.

오늘의 학습 정리

1 오늘의 단어

큰 (남/단)	→	גָּדוֹל
큰 (여/단)	→	גְּדוֹלָה
작은 (남/단)	→	קָטָן
작은 (여/단)	→	קְטַנָּה
귀여운 (남/단)	→	חָמוּד
귀여운 (여/단)	→	חֲמוּדָה
건강한 (남/단)	→	בָּרִיא
건강한 (여/단)	→	בְּרִיאָה

2 오늘의 표현

그는 덩치가 크다.	הוּא גָּדוֹל.
그녀는 덩치가 크다.	הִיא גְּדוֹלָה.
그는 덩치가 작다.	הוּא קָטָן.
그녀는 덩치가 작다.	הִיא קְטַנָּה.
그는 귀엽다.	הוּא חָמוּד.
그녀는 귀엽다.	הִיא חֲמוּדָה.

쉬어가기

이스라엘 여행 추천 기념품

여행, 성지 순례, 유학, 업무 등으로 이스라엘을 방문했다가 한국으로 돌아갈 때가 되면, 기념품 또는 선물로 무엇을 구매할지 고민하게 됩니다. 제 경우 이스라엘 유학 시절 한번씩 한국에 나오게 되면, 가족과 친구들에게 무엇을 줄까 고민하곤 했습니다. 앞으로 이스라엘을 방문하실 수 있는 여러분을 위해 기념품과 관련된 의견을 드려 봅니다.

가장 먼저는, 올리브유가 떠오릅니다. 실제로 제 할머니께서 이스라엘을 방문하셨을 때 드렸던 선물이기도 한데요. 이스라엘은 올리브로 유명해서, 신선한 올리브유는 좋은 선물이 될 수 있습니다. 이스라엘은 올리브 나무가 잘 자랄 수 있는 지리적, 기후적 여건을 갖추었고 이스라엘 내에서도 올리브 소비량이 많기 때문에 양질의 올리브가 유통됩니다. 올리브유는 요리에 많이 사용되기에 크게 호불호 없는 무난한 선물이 될 수 있을 것 같습니다.

까끌거리는 촉감을 느낄 수 있는 사해 소금

두번째로는, 이스라엘에서 판매되는 핸드크림이나 샴푸 등 목욕 용품을 추천합니다. 특히 사해의 소금으로 만든 비누의 인기가 좋습니다. 재질이 소금으로 된 비누를 조그만 플라스틱 숟가락으로 떠서 손에 올려 바른 다음, 물로 헹구면 됩니다. 까끌까끌한 소금의 촉감이 독특한데, 물에 헹구면 말끔히 씻깁니다. 이스라엘에서 구매할 수 있는 독특한 제품 중 하나여서, 특색이 있으면서도 유용하게 사용할 수 있는 선물이 될 것 같습니다.

PART 04

텔아비브 화이트시티,
모더니즘 운동의 반영

White City of Tel-Aviv – the Modern Movement

숫자를 학습하고 응용하기

무언가를 요청하고 감사 표현하기

UNIT 11

하나, 둘, 셋 אַחַת, שְׁתַּיִם, שָׁלוֹשׁ

1 1부터 10까지의 히브리어 여성형 숫자를 학습하고, 숫자를 다양한 단어들과 조합해서 말하기를 해 보겠습니다.

1 히브리어 숫자 ❶ 여성형

히브리어의 숫자는 남성형과 여성형으로 구분됩니다. 남성형 숫자는 남성 명사와, 여성형 숫자는 여성 명사와 함께 씁니다.

여성형 숫자가 히브리어 숫자의 기본형입니다. 수식하는 명사가 없을 때는 기본형인 여성형 숫자가 사용됩니다. 예를 들어, 일상에서 일반적인 의미의 숫자를 '하나, 둘, 셋'과 같이 셀 땐 여성형 숫자를 사용합니다.

하나	→	אַחַת [아하트]
둘	→	שְׁתַּיִם [슈타임]
셋	→	שָׁלוֹשׁ [샬로쉬]
넷	→	אַרְבַּע [아르바]
다섯	→	חָמֵשׁ [하메쉬]

여섯	→	שֵׁשׁ [쉐쉬]
일곱	→	שֶׁבַע [쉐바]
여덟	→	שְׁמוֹנֶה [슈모네]
아홉	→	תֵּשַׁע [테이샤]
열	→	עֶשֶׂר [에쎄르]

5	4	3	2	1
חָמֵשׁ [하메쉬]	אַרְבַּע [아르바]	שָׁלוֹשׁ [샬로쉬]	שְׁתַּיִם [슈타임]	אַחַת [아하트]
10	**9**	**8**	**7**	**6**
עֶשֶׂר [에쎄르]	תֵּשַׁע [테이샤]	שְׁמוֹנֶה [슈모네]	שֶׁבַע [쉐바]	שֵׁשׁ [쉐쉬]

팁 רֶגַע! 여성 명사와 함께 사용되는 여성형 숫자입니다.

2 여성 명사의 복수 형태

וֹת + 여성 단수 명사

(여성 명사의 복수형 어미는 וֹת)

◦ 여성 명사의 복수 형태에는 일반적으로 뒤에 ' וֹת [오트]'라는 어미가 붙습니다. 그러므로 단어 뒤에 ' וֹת [오트]'가 있으면, 여성 복수 명사라는 점을 알 수 있습니다.

◦ 물론 예외도 있습니다. 하지만 많은 여성 명사에 이 규칙이 적용되기 때문에, 기억해 두면 명사의 성별을 구분하는 데 유용합니다.

◦ 왼쪽 맨 끝 마지막 알파벳이 ' ה [헤]'인 여성 단수 명사가 복수 형태로 바뀌는 경우, ' ה [헤]'는 없어지고 그자리에 여성 복수 명사의 어미인 ' וֹת [오트]'가 붙습니다.

바나나 (여/단)	→	בָּנָנָה [바나나]
바나나 한 개		בָּנָנָה אַחַת

◦ 히브리어에서 숫자와 단어를 조합할 때, 일반적으로는 숫자가 앞에, 단어는 뒤에 위치하게 됩니다.

◦ 그러나 ' אַחַת [아하트]'는 이 규칙에서 예외입니다. ' אַחַת [아하트]'가 단어와 조합될 때는, 예외적으로 단어가 앞에, 숫자가 뒤에 옵니다.

바나나들 (여/복)	→	בָּנָנוֹת [바나노트]
바나나 두 개		שְׁתֵּי בָּנָנוֹת

◦ ' שְׁתַּיִם [슈타임]'은 단어와 결합하면 형태가 ' שְׁתֵּי [슈테이]'로 바뀝니다.

바나나 세 개	→	שָׁלוֹשׁ בָּנָנוֹת
바나나 네 개	→	אַרְבַּע בָּנָנוֹת
바나나 다섯 개	→	חָמֵשׁ בָּנָנוֹת
바나나 여섯 개	→	שֵׁשׁ בָּנָנוֹת
바나나 일곱 개	→	שֶׁבַע בָּנָנוֹת
바나나 여덟 개	→	שְׁמוֹנֶה בָּנָנוֹת
바나나 아홉 개	→	תֵּשַׁע בָּנָנוֹת
바나나 열 개	→	עֶשֶׂר בָּנָנוֹת

팁 רֶגַע! 'שָׁלוֹשׁ [샬로쉬]'부터는 형태가 바뀌지 않습니다.

피타빵 (여/단)	→	פִּתָּה [피타]

피타 한 개 — פִּתָּה אַחַת

◦ 피타는 이스라엘 사람들이 즐겨 먹는 빵입니다. 공갈빵과 같이 속이 비어 있어서, 피타 안에 고기와 각종 채소를 넣어 먹을 수 있습니다. 피타는 후무스나 타히니 등의 소스와 함께 먹어도 좋습니다.

피타들 (여/복)	→	פִּתּוֹת [피토트]

피타 두 개 שְׁתֵּי פִּתּוֹת

피타 세 개	→	שְׁלוֹשׁ פִּתּוֹת
피타 네 개	→	אַרְבַּע פִּתּוֹת
피타 다섯 개	→	חָמֵשׁ פִּתּוֹת
피타 여섯 개	→	שֵׁשׁ פִּתּוֹת
피타 일곱 개	→	שֶׁבַע פִּתּוֹת
피타 여덟 개	→	שְׁמוֹנֶה פִּתּוֹת
피타 아홉 개	→	תֵּשַׁע פִּתּוֹת
피타 열 개	→	עֶשֶׂר פִּתּוֹת

케이크 (여/단)	→	עוּגָה [우가]

케이크 한 판 עוּגָה אַחַת

케이크들 (여/복)	→	עוּגוֹת [우고트]

케이크 두 판 — שְׁתֵּי עוּגוֹת

케이크 세 판	→	שָׁלוֹשׁ עוּגוֹת
케이크 네 판	→	אַרְבַּע עוּגוֹת
케이크 다섯 판	→	חָמֵשׁ עוּגוֹת
케이크 여섯 판	→	שֵׁשׁ עוּגוֹת
케이크 일곱 판	→	שֶׁבַע עוּגוֹת
케이크 여덟 판	→	שְׁמוֹנֶה עוּגוֹת
케이크 아홉 판	→	תֵּשַׁע עוּגוֹת
케이크 열 판	→	עֶשֶׂר עוּגוֹת

정리 סִכּוּם

오늘은 1부터 10까지의 히브리어 여성형 숫자를 배우고, 숫자와 여러 명사들을 연결해서 말해 보았습니다. 다음 시간에는 히브리어 숫자의 남성형을 1부터 10까지 배우고, 남성 명사에 해당되는 단어들과 연결해서 말해 보겠습니다.

연습 문제

1 다음 히브리어 단어의 뜻을 우리말로 적어 보세요.

① ______	אַחַת
② ______	שְׁתַּיִם
③ ______	שָׁלוֹשׁ
④ ______	חָמֵשׁ
⑤ ______	תֵּשַׁע
⑥ ______	עֶשֶׂר
⑦ ______	פִּתָּה
⑧ ______	עוּגָה

2 오늘 배운 표현들을 떠올리며 히브리어로 작문해 보세요.

① 바나나 한 개 ______

② 바나나 두 개 ______

③ 케이크 세 판 ______

④ 케이크 네 판 ______

⑤ 피타 다섯 개 ______

⑥ 피타 열 개 ______

정답 **תְּשׁוּבָה**

1 ① 하나 ② 둘 ③ 셋 ④ 다섯 ⑤ 아홉 ⑥ 열 ⑦ 피타 ⑧ 케이크

2 ① בָּנָנָה אַחַת ② שְׁתֵּי בָּנָנוֹת ③ שָׁלוֹשׁ עוּגוֹת ④ אַרְבַּע עוּגוֹת ⑤ חָמֵשׁ פִּתּוֹת ⑥ עֶשֶׂר פִּתּוֹת

오늘의 학습 정리

1 오늘의 단어

5	4	3	2	1
חָמֵשׁ [하메쉬]	אַרְבַּע [아르바]	שָׁלוֹשׁ [샬로쉬]	שְׁתַּיִם [슈타임]	אַחַת [아하트]
10	9	8	7	6
עֶשֶׂר [에쎄르]	תֵּשַׁע [테이샤]	שְׁמוֹנֶה [슈모네]	שֶׁבַע [쉐바]	שֵׁשׁ [쉐쉬]

바나나 (여/단)	→	בָּנָנָה
바나나들 (여/복)	→	בָּנָנוֹת
피타 (여/단)	→	פִּתָּה
피타들 (여/복)	→	פִּתּוֹת
케이크 (여/단)	→	עוּגָה
케이크들 (여/복)	→	עוּגוֹת

2 오늘의 표현

바나나 여섯 개	שֵׁשׁ בָּנָנוֹת
바나나 일곱 개	שֶׁבַע בָּנָנוֹת
피타 다섯 개	חָמֵשׁ פִּתּוֹת
피타 열 개	עֶשֶׂר פִּתּוֹת
케이크 한 판	עוּגָה אַחַת
케이크 두 판	שְׁתֵּי עוּגוֹת

UNIT 12

물고기 한 마리
דָּג אֶחָד

1 히브리어의 남성형 숫자를 1부터 10까지 학습하고, 숫자와 함께 여러 단어들을 연결하여 말해 보겠습니다.

1 히브리어 숫자 ❷ 남성형

히브리어의 숫자는 남성형과 여성형으로 구분됩니다. 남성형 숫자는 남성 명사와, 여성형 숫자는 여성 명사와 함께 씁니다.

하나	→	אֶחָד [에하드]
둘	→	שְׁנַיִם [슈나임]
셋	→	שְׁלוֹשָׁה [숄로샤]
넷	→	אַרְבָּעָה [아르바아]
다섯	→	חֲמִשָּׁה [하미샤]

여섯	→	שִׁשָּׁה [쉬샤]
일곱	→	שִׁבְעָה [쉬브아]
여덟	→	שְׁמוֹנָה [슈모나]
아홉	→	תִּשְׁעָה [티쉬아]
열	→	עֲשָׂרָה [아싸라]

5	4	3	2	1
חֲמִשָּׁה [하미샤]	אַרְבָּעָה [아르바아]	שְׁלוֹשָׁה [슐로샤]	שְׁנַיִם [슈나임]	אֶחָד [에하드]
10	**9**	**8**	**7**	**6**
עֲשָׂרָה [아싸라]	תִּשְׁעָה [티쉬아]	שְׁמוֹנָה [슈모나]	שִׁבְעָה [쉬브아]	שִׁשָּׁה [쉬샤]

팁 !רֶגַע 남성 명사와 함께 사용되는 남성형 숫자입니다.

2 남성 명사의 복수 형태

ים + 남성 단수 명사

(남성 명사의 복수형 어미는 ים)

- 남성 명사의 복수 형태에는 일반적으로 뒤에 ' ים [임]'이라는 어미가 붙습니다. 그러므로 단어 뒤에 ' ים [임]'이 붙어 있으면, 남성 복수 명사임을 알 수 있습니다.

- 물론 예외도 있습니다. 하지만 많은 남성 명사에 적용되는 규칙이므로 확실히 기억해 두면 명사의 성별을 구분하는 데 매우 유용합니다.

물고기 (남/단)	→	דָּג [다그]

물고기 한 마리	דָּג אֶחָד

- 히브리어에서 숫자와 단어가 조합될 때, 일반적으로는 숫자가 앞에, 단어는 뒤에 위치하게 됩니다.

- 그러나 ' אֶחָד [에하드]'는 이 규칙에서 예외입니다. ' אֶחָד [에하드]'가 단어와 조합될 때는, 예외적으로 단어가 앞에, 숫자가 뒤에 옵니다.

물고기들 (남/복)	→	דָּגִים [다김]

물고기 두 마리	שְׁנֵי דָּגִים

팁 רֶגַע! ' שְׁנַיִם [슈나임]'은 단어와 결합하면, 형태가 ' שְׁנֵי [슈네이]'로 바뀝니다.

שְׁלוֹשָׁה דָּגִים	→ 물고기 세 마리
אַרְבָּעָה דָּגִים	→ 물고기 네 마리
חֲמִשָּׁה דָּגִים	→ 물고기 다섯 마리
שִׁשָּׁה דָּגִים	→ 물고기 여섯 마리
שִׁבְעָה דָּגִים	→ 물고기 일곱 마리
שְׁמוֹנָה דָּגִים	→ 물고기 여덟 마리
תִּשְׁעָה דָּגִים	→ 물고기 아홉 마리
עֲשָׂרָה דָּגִים	→ 물고기 열 마리

רֶגַע! 팁 'שְׁלוֹשָׁה [숄로샤]'부터는 형태가 바뀌지 않습니다.

סָלָט [쌀라트]	→ 샐러드 (남/단)

סָלָט אֶחָד 샐러드 한 종류

샐러드들 (남/복)	→	סָלָטִים [쌀라팀]

샐러드 두 종류 שְׁנֵי סָלָטִים

샐러드 세 종류	→	שְׁלוֹשָׁה סָלָטִים
샐러드 네 종류	→	אַרְבָּעָה סָלָטִים
샐러드 다섯 종류	→	חֲמִשָּׁה סָלָטִים
샐러드 여섯 종류	→	שִׁשָּׁה סָלָטִים
샐러드 일곱 종류	→	שִׁבְעָה סָלָטִים
샐러드 여덟 종류	→	שְׁמוֹנָה סָלָטִים
샐러드 아홉 종류	→	תִּשְׁעָה סָלָטִים
샐러드 열 종류	→	עֲשָׂרָה סָלָטִים

팔라펠 (남/단)	→	פָּלָאפֶל [팔라펠]

팔라펠 한 개 פָּלָאפֶל אֶחָד

◦ 팔라펠은 병아리콩과 양파, 고수 등 각종 채소를 으깬 다음 작고 동그랗게 반죽해 기름에 튀긴 음식입니다. 이스라엘 사람들이 즐겨 먹는 음식 중 하나로서, 보통 피타와 같은 빵에 넣어 먹습니다. 병아리콩과 올리브유가 어우러진 담백한 맛이 일품이며, 튀긴 채소에서 풍기는 고소한 향과 바삭한 식감이 무척 매력적입니다.

팔라펠들 (남/복)	→	פָלָאפֶלִים [팔라펠림]

팔라펠 두 개 — שְׁנֵי פָלָאפֶלִים

팔라펠 세 개	→	שְׁלוֹשָׁה פָלָאפֶלִים
팔라펠 네 개	→	אַרְבָּעָה פָלָאפֶלִים
팔라펠 다섯 개	→	חֲמִשָּׁה פָלָאפֶלִים
팔라펠 여섯 개	→	שִׁשָּׁה פָלָאפֶלִים
팔라펠 일곱 개	→	שִׁבְעָה פָלָאפֶלִים
팔라펠 여덟 개	→	שְׁמוֹנָה פָלָאפֶלִים
팔라펠 아홉 개	→	תִּשְׁעָה פָלָאפֶלִים
팔라펠 열 개	→	עֲשָׂרָה פָלָאפֶלִים

정리 סִכּוּם

오늘은 히브리어의 남성형 숫자를 1부터 10까지 배우고, 여러 단어들과 조합해서 말해 보았습니다. 다음 시간에는 무언가를 요청하는 표현과, 요청한 바가 이루어졌을 때 답례로 건네는 감사 표현까지 학습하여 말해 보겠습니다.

연습 문제

1 다음 우리말 단어를 알맞은 히브리어 단어로 적어 보세요.

① 하나 (남성형) ______

② 둘 (남성형) ______

③ 셋 (남성형) ______

④ 넷 (남성형) ______

⑤ 아홉 (남성형) ______

⑥ 열 (남성형) ______

⑦ 샐러드 ______

⑧ 팔라펠 ______

2 오늘 학습한 히브리어 표현의 뜻을 우리말로 해석해 보세요.

① ______	**פָלָאפֶל אֶחָד**
② ______	**שְׁנֵי פָלָאפֶלִים**
③ ______	**שְׁנֵי סָלָטִים**
④ ______	**שְׁלוֹשָׁה סָלָטִים**
⑤ ______	**חֲמִשָּׁה דָגִים**
⑥ ______	**עֲשָׂרָה דָגִים**

정답 תְּשׁוּבָה

1 ① אֶחָד ② שְׁנַיִם ③ שְׁלוֹשָׁה ④ אַרְבָּעָה ⑤ תִּשְׁעָה ⑥ עֲשָׂרָה ⑦ סָלָט ⑧ פָלָאפֶל

2 ① 팔라펠 한 개 ② 팔라펠 두 개 ③ 샐러드 두 종류 ④ 샐러드 세 종류 ⑤ 물고기 다섯 마리 ⑥ 물고기 열 마리

오늘의 학습 정리

1 오늘의 단어

5	4	3	2	1
חֲמִשָּׁה [하미샤]	אַרְבָּעָה [아르바아]	שְׁלוֹשָׁה [슐로샤]	שְׁנַיִם [슈나임]	אֶחָד [에하드]
10	**9**	**8**	**7**	**6**
עֲשָׂרָה [아싸라]	תִּשְׁעָה [티쉬아]	שְׁמוֹנָה [슈모나]	שִׁבְעָה [쉬브아]	שִׁשָּׁה [쉬샤]

물고기 (남/단)	→	דָּג
물고기들 (남/복)	→	דָּגִים
샐러드 (남/단)	→	סָלָט
샐러드들 (남/복)	→	סָלָטִים
팔라펠 (남/단)	→	פָלָאפֶל
팔라펠들 (남/복)	→	פָלָאפֶלִים

2 오늘의 표현

팔라펠 한 개	פָלָאפֶל אֶחָד
팔라펠 두 개	שְׁנֵי פָלָאפֶלִים
샐러드 세 종류	שְׁלוֹשָׁה סָלָטִים
샐러드 네 종류	אַרְבָּעָה סָלָטִים
물고기 아홉 마리	תִּשְׁעָה דָּגִים
물고기 열 마리	עֲשָׂרָה דָּגִים

UNIT 13

팔라펠 한 개 부탁해요.
פָלָאפֶל אֶחָד בְּבַקָּשָׁה.

1 원하는 바를 요청, 부탁하는 표현을 말하고, 요청이나 부탁을 상대방이 들어 주었을 때 건네는 감사 표현까지 학습해 보겠습니다.

1 요청 표현 בְּבַקָּשָׁה

요청 (명사)	→	בַּקָּשָׁה [바카샤]
부탁해요 (성별 구분 없음)	→	בְּבַקָּשָׁה [베바카샤]

'부탁해요'라는 뜻의 ' בְּבַקָּשָׁה [베바카샤]'를 문장의 뒤에 넣으면, 요청의 의미를 담은 문장을 말할 수 있습니다.

5	4	3	2	1
חָמֵשׁ [하메쉬]	אַרְבַּע [아르바]	שָׁלוֹשׁ [샬로쉬]	שְׁתַּיִם [슈타임]	אַחַת [아하트]
10	**9**	**8**	**7**	**6**
עֶשֶׂר [에쎄르]	תֵּשַׁע [테이샤]	שְׁמוֹנֶה [슈모네]	שֶׁבַע [쉐바]	שֵׁשׁ [쉐쉬]

팁 רֶגַע! 여성 명사와 함께 사용되는 여성형 숫자입니다.

바나나 한 개 부탁해요.	→	בָּנָנָה אַחַת בְּבַקָּשָׁה.
바나나 두 개 부탁해요.	→	שְׁתֵּי בָּנָנוֹת בְּבַקָּשָׁה.
케이크 한 판 부탁해요.	→	עוּגָה אַחַת בְּבַקָּשָׁה.
케이크 두 판 부탁해요.	→	שְׁתֵּי עוּגוֹת בְּבַקָּשָׁה.
피타 다섯 개 부탁해요.	→	חָמֵשׁ פִּתּוֹת בְּבַקָּשָׁה.
피타 열 개 부탁해요.	→	עֶשֶׂר פִּתּוֹת בְּבַקָּשָׁה.

5	4	3	2	1
חֲמִשָּׁה [하미샤]	אַרְבָּעָה [아르바아]	שְׁלוֹשָׁה [슐로샤]	שְׁנַיִם [슈나임]	אֶחָד [에하드]
10	**9**	**8**	**7**	**6**
עֲשָׂרָה [아싸라]	תִּשְׁעָה [티쉬아]	שְׁמוֹנָה [슈모나]	שִׁבְעָה [쉬브아]	שִׁשָּׁה [쉬샤]

팁 רֶגַע! 남성 명사와 함께 사용되는 남성형 숫자입니다.

샐러드 한 종류 부탁해요.	→	סָלָט אֶחָד בְּבַקָּשָׁה.
샐러드 두 종류 부탁해요.	→	שְׁנֵי סָלָטִים בְּבַקָּשָׁה.
팔라펠 한 개 부탁해요.	→	פָּלָאפֶל אֶחָד בְּבַקָּשָׁה.
팔라펠 두 개 부탁해요.	→	שְׁנֵי פָּלָאפֶלִים בְּבַקָּשָׁה.

2 감사 표현 תּוֹדָה

감사 (명사/ 여)	תּוֹדָה [토다]
감사(해요)!	תּוֹדָה!

◦ '감사해요'라는 의미의 히브리어 표현은 ' תּוֹדָה [토다]'입니다. 요청이나 부탁을 들어 준 상대방에게 건넬 수 있는 감사 인사 표현입니다. 여성 단수 명사로서 '감사'라는 뜻도 있지만, 문장에서는 '감사합니다.', '감사해요.'라는 의미를 갖습니다.

~에게 (전치사)	→	לְ [레]

◦ 전치사 לְ 를 사용해서 '~에게 감사해요.'와 같은 형태의 문장을 만들 수 있습니다.

3인칭 여성	3인칭 남성	2인칭 여성	2인칭 남성	1인칭 남, 여	לְ (~에게)
לָהּ [라] 그녀에게	לוֹ [로] 그에게	לָךְ [라크] 당신에게	לְךָ [레카] 당신에게	לִי [리] 나에게	단수

당신에게 (남/단)	→	לְךָ [레카]
당신에게 (여/단)	→	לָךְ [라크]

당신에게 (남/단)	→	לְךָ [레카]

당신에게 감사해요! תּוֹדָה לְךָ!

당신에게 (여/단)	→	לָךְ [라크]

당신에게 감사해요! תּוֹדָה לָךְ!

나에게	→	לִי [리]
그에게	→	לוֹ [로]
그녀에게	→	לָהּ [라]

나에게	→	לִי [리]

나에게 감사해요! תּוֹדָה לִי!

그에게	→	לוֹ [로]

그에게 감사해요! תּוֹדָה לוֹ!

그녀에게	→	לָהּ [라]

그녀에게 감사해요! תּוֹדָה לָהּ!

많은 (형용사/남)	→	רַב [라브]
많은 (형용사/여)	→	רַבָּה [라바]
감사 (명사/여)	→	תּוֹדָה [토다]

◦ '감사'라는 의미의 단어 ' תּוֹדָה [토다]'는 여성 명사이기 때문에, 뒤에 오는 형용사도 여성 형태인 ' רַבָּה [라바]'가 사용됩니다.

정말(많이) 감사해요!	→	תּוֹדָה רַבָּה!

◦ 히브리어에서 형용사는 일반적으로 명사의 뒤에(왼쪽에) 위치합니다.

당신에게 정말 감사해요! (남)	→	תּוֹדָה רַבָּה לְךָ!
당신에게 정말 감사해요! (여)	→	תּוֹדָה רַבָּה לָךְ!

그에게 정말 감사해요!	→	תּוֹדָה רַבָּה לוֹ!
그녀에게 정말 감사해요!	→	תּוֹדָה רַבָּה לָהּ!

부탁해요	→	בְּבַקָּשָׁה [베바카샤]

천만에요 (감사 표시에 대한 답변)	→	בְּבַקָּשָׁה [베바카샤]

- 'בְּבַקָּשָׁה [베바카샤]'는 '부탁해요.'라는 의미도 있지만, 상대방의 감사의 표현에 대한 답변으로서 '천만에요.'라는 뜻으로도 사용됩니다.

정리 סִכּוּם

오늘은 무언가를 요청하는 표현 그리고 감사의 표현까지 히브리어로 학습해 보았습니다. 더불어, 히브리어의 여성형 숫자와 남성형 숫자를 1부터 10까지 복습하고, 다양한 단어들과 연결해서 말해 보았습니다. 다음 시간에는 '있다', '없다'라는 의미의 표현인 유도 부사를 배우고, 문장에 활용해 질문과 답변을 연습해 보겠습니다.

연습 문제

1 다음 우리말 단어를 알맞은 히브리어 단어와 연결해 보세요.

① 감사 •	• בַּקָּשָׁה
② 많은 •	• בְּבַקָּשָׁה
③ 요청 •	• תּוֹדָה
④ 부탁해요 •	• רַב
⑤ 나에게 •	• לְ
⑥ 그에게 •	• לִי
⑦ 그녀에게 •	• לוֹ
⑧ ~에게 (전치사) •	• לָהּ

2 오늘 학습한 히브리어 표현의 뜻을 우리말로 해석해 보세요.

① ______	פָלָאפֶל אֶחָד בְּבַקָּשָׁה.
② ______	חָמֵשׁ פִּתּוֹת בְּבַקָּשָׁה.
③ ______	תּוֹדָה לְךָ!
④ ______	תּוֹדָה לָךְ!
⑤ ______	תּוֹדָה רַבָּה!
⑥ ______	בְּבַקָּשָׁה.

정답 תְּשׁוּבָה

1 ① תּוֹדָה ② רַב ③ בַּקָּשָׁה ④ בְּבַקָּשָׁה ⑤ לִי ⑥ לוֹ ⑦ לָהּ ⑧ לְ

2 ① 팔라펠 한 개 부탁해요. ② 피타 다섯 개 부탁해요. ③ 당신에게 감사해요! (남성에게) ④ 당신에게 감사해요! (여성에게) ⑤ 정말 감사해요! ⑥ 천만에요.

오늘의 학습 정리

1 오늘의 단어

요청 (명사)	→	בַּקָּשָׁה
부탁해요 (성별 구분 없음)	→	בְּבַקָּשָׁה
감사 (명사/여)	→	תּוֹדָה
많은 (형용사/남)	→	רַב
많은 (형용사/여)	→	רַבָּה
~에게 (전치사)	→	לְ
천만에요 (감사 표시에 대한 답변)	→	בְּבַקָּשָׁה

2 오늘의 표현

케이크 한 판 부탁해요.	עוּגָה אַחַת בְּבַקָּשָׁה.
피타 다섯 개 부탁해요.	חָמֵשׁ פִּתּוֹת בְּבַקָּשָׁה.
팔라펠 한 개 부탁해요.	פָלָאפֶל אֶחָד בְּבַקָּשָׁה.
샐러드 두 종류 부탁해요.	שְׁנֵי סָלָטִים בְּבַקָּשָׁה.
감사해요!	תּוֹדָה!
정말 감사해요!	תּוֹדָה רַבָּה!
천만에요!	בְּבַקָּשָׁה!

쉬어가기

이스라엘의 화폐 단위

이스라엘의 공식 화폐

현대 이스라엘의 공식 화폐 단위는 세켈입니다. 히브리어로는 'שֶׁקֶל [쉐켈]'이라고 읽습니다. 1세켈은 한국의 화폐 단위 기준으로 330원 정도의 가치를 가지고 있습니다. 물론 환율에 따라서 변동이 생기지만, 1세켈은 기본적으로 300원 안팎의 가치를 갖습니다.

세켈의 단위

이스라엘에서 동전은 1세켈, 2세켈, 5세켈, 그리고 10세켈 단위로 있습니다. 지폐의 경우에는 20세켈, 50세켈, 100세켈, 그리고 200세켈짜리로 구분해서 사용됩니다.

히브리어로 세켈 말해 보기

현대 이스라엘의 공식 화폐 단위인 세켈은 문법적으로 남성 명사이기 때문에 남성형 숫자와 함께 사용됩니다. 2세켈부터는 복수이기 때문에, 뒤에 오는 화폐 단위도 남성 복수 형태의 ' **שְׁקָלִים** [슈칼림]'이 사용됩니다. 다만 이스라엘 국립국어원에 따르면 11세켈 이상부터는 ' **שֶׁקֶל** [쉐켈]'과 ' **שְׁקָלִים** [슈칼림]' 모두 사용 가능합니다.

PART 05

하이파와 갈릴리 서부 지역의 바하이교 성지

Bahá'í Holy Places in Haifa and the Western Galilee

유무와 위치 묻고 답하기

'있다', '없다' 표현하기

UNIT 14

나에게 시간이 있다.

יֵשׁ לִי זְמַן.

1 이번 시간에는 '있다', '없다'라는 의미의 유도 부사를 활용하여 문장을 말해 보겠습니다.

1 유도 부사 יֵשׁ, אֵין

한국어	나에게 시간이 있다.
히브리어	있다 + 나에게 + 시간.

히브리어의 유도 부사는 문장의 앞에(오른쪽에) 위치합니다.
문장의 앞에서 뒤에 오는 대상의 존재 유무를 나타냅니다.

없다 (부정 유도 부사)	있다 (긍정 유도 부사)
אֵין [엔]	יֵשׁ [예쉬]

책	→	סֵפֶר [쎄페르]
책이 있다.		יֵשׁ סֵפֶר.
책이 없다.		אֵין סֵפֶר.

시간	→	זְמַן [즈만]
시간이 있다.		יֵשׁ זְמַן.
시간이 없다.		אֵין זְמַן.

돈	→	כֶּסֶף [케세프]
돈이 있다.		יֵשׁ כֶּסֶף.
돈이 없다.		אֵין כֶּסֶף.

티켓, 카드	→	כַּרְטִיס [카르티쓰]
티켓이 있다.		יֵשׁ כַּרְטִיס.
티켓이 없다.		אֵין כַּרְטִיס.

볼펜	→	עֵט [에트]
볼펜이 있다.		יֵשׁ עֵט.
볼펜이 없다.		אֵין עֵט.

2 전치사 לְ + 유도 부사를 이용한 문장

~에게 (전치사)	→	לְ [레]

3인칭 여성	3인칭 남성	2인칭 여성	2인칭 남성	1인칭 남, 여	לְ (~에게)
לָהּ [라] 그녀에게	לוֹ [로] 그에게	לָךְ [라크] 당신에게	לְךָ [레카] 당신에게	לִי [리] 나에게	단수

לִי [리] → 나에게

나에게 책이 있다.	יֵשׁ לִי סֵפֶר.
나에게 책이 없다.	אֵין לִי סֵפֶר.
나에게 시간이 있다.	יֵשׁ לִי זְמַן.
나에게 시간이 없다.	אֵין לִי זְמַן.

לְךָ [레카] → 당신에게 (남)

당신에게 시간이 있다. (남)	יֵשׁ לְךָ זְמַן.
당신에게 시간이 없다. (남)	אֵין לְךָ זְמַן.

쏙! 기억하기

당신에게 시간이 있나요? (남)	יֵשׁ לְךָ זְמַן?
나에게 시간이 있다.	יֵשׁ לִי זְמַן.
나에게 시간이 없다.	אֵין לִי זְמַן.

당신에게 (여)	→	לָךְ [라크]

당신에게 시간이 있다. (여)	יֵשׁ לָךְ זְמַן.
당신에게 시간이 없다. (여)	אֵין לָךְ זְמַן.

쏙! 기억하기

당신에게 시간이 있나요? (여)	יֵשׁ לָךְ זְמַן?
나에게 시간이 있다.	יֵשׁ לִי זְמַן.
나에게 시간이 없다.	אֵין לִי זְמַן.

그에게	→	לוֹ [로]

그에게 티켓이 있다.	יֵשׁ לוֹ כַּרְטִיס.
그에게 티켓이 없다.	אֵין לוֹ כַּרְטִיס.

그녀에게	→	לָהּ [라]

그녀에게 볼펜이 있다.	יֵשׁ לָהּ עֵט.
그녀에게 볼펜이 없다.	אֵין לָהּ עֵט.

오늘은 ‘ יֵשׁ 있다’, ‘ אֵין 없다’를 뜻하는 히브리어를 배우고, 문장으로 활용해서 말해 보았습니다. 다음 시간에는 위치를 묻는 데 사용되는 의문사와 장소를 가리키는 전치사를 학습하여 히브리어로 위치를 묻고 답해 보겠습니다.

연습 문제

1 다음 히브리어 단어의 뜻을 우리말로 적어 보세요.

①		יֵשׁ
②		אֵין
③		סֵפֶר
④		זְמַן
⑤		כֶּסֶף
⑥		כַּרְטִיס
⑦		עֵט
⑧		לְ

2 오늘 배운 표현들을 떠올리며 히브리어로 작문해 보세요.

① 책이 있다. ______

② 책이 없다. ______

③ 티켓이 있다. ______

④ 티켓이 없다. ______

⑤ 볼펜이 있다. ______

⑥ 볼펜이 없다. ______

정답 **תְּשׁוּבָה**

1 ① 있다 ② 없다 ③ 책 ④ 시간 ⑤ 돈 ⑥ 티켓, 카드 ⑦ 볼펜 ⑧ ~에게

2 ① יֵשׁ סֵפֶר. ② אֵין סֵפֶר. ③ יֵשׁ כַּרְטִיס. ④ אֵין כַּרְטִיס. ⑤ יֵשׁ עֵט. ⑥ אֵין עֵט.

오늘의 학습 정리

1 오늘의 단어

있다	→	יֵשׁ
없다	→	אֵין
책	→	סֵפֶר
시간	→	זְמַן
돈	→	כֶּסֶף
티켓, 카드	→	כַּרְטִיס
볼펜	→	עֵט

2 오늘의 표현

시간이 있다.	יֵשׁ זְמַן.
나에게 시간이 있다.	יֵשׁ לִי זְמַן.
시간이 없다.	אֵין זְמַן.
나에게 시간이 없다.	אֵין לִי זְמַן.

UNIT 15

화장실은 어디에 있나요?
?אֵיפֹה יֵשׁ שֵׁרוּתִים

1 이번 시간에는 히브리어로 위치를 묻고 답하는 표현을 말해 보겠습니다.

1 위치 묻고 답하기

한국어	화장실은 어디에 있나요?
히브리어	어디에 + 있다 + 화장실?

위 문장의 어순에서 가장 뒤에 오는 명사를 다른 단어로 바꾸면 '호텔은 어디에 있나요?', '교실은 어디에 있나요?'와 같이 위치를 묻는 다양한 형태의 표현으로 응용할 수 있습니다.

히브리에서는 '어디'라는 뜻의 의문사가 문장의 앞에(오른쪽에) 위치합니다. 그다음 유도 부사와 명사, 그리고 물음표 순으로 이어지면서 문장이 구성됩니다.

어디(에)	→	אֵיפֹה [에이포]

화장실	→	שֵׁרוּתִים [쉐루팀]

화장실은 어디에 있나요?	אֵיפֹה יֵשׁ שֵׁרוּתִים?
그 화장실은 어디에 있나요?	אֵיפֹה יֵשׁ הַשֵּׁרוּתִים?

◦ 화장실의 위치를 물을 때 위의 두 문장 모두 유사한 의미로 사용될 수 있습니다.

◦ 첫 번째 문장은 특정한 화장실이 아닌 아무 화장실이든 위치를 묻는 질문인 반면, 두 번째 문장은 화장실이라는 뜻의 단어 ' שֵׁרוּתִים [쉐루팀]' 앞에 정관사 ' הַ [하]'가 첨가되어 특정한 화장실의 위치를 묻는 질문으로 볼 수 있습니다.

◦ 히브리어의 정관사 ' הַ [하]'에 대해서는 UNIT 22에서 조금 더 자세히 학습하도록 하겠습니다.

호텔	מָלוֹן [말론]
호텔은 어디에 있나요? →	אֵיפֹה יֵשׁ מָלוֹן?

교실	כִּתָּה [키타]
교실은 어디에 있나요? →	אֵיפֹה יֵשׁ כִּתָּה?

쏙! 기억하기

책은 어디에 있나요?	אֵיפֹה יֵשׁ סֵפֶר?
티켓은 어디에 있나요?	אֵיפֹה יֵשׁ כַּרְטִיס?
볼펜은 어디에 있나요?	אֵיפֹה יֵשׁ עֵט?

• '그것은 어디에 있나요?'라는 질문을 히브리어로 말할 때는, 대명사 '그것'에 남성 단수 ' זֶה [제]' 가 쓰입니다.

> **히브리어** 어디에 + 그것?

그것은 어디에 있나요?	אֵיפֹה זֶה?
당신은 어디에 있나요? (남성에게)	אֵיפֹה אַתָּה?
당신은 어디에 있나요? (여성에게)	אֵיפֹה אַתְּ?
그는 어디에 있나요?	אֵיפֹה הוּא?
그녀는 어디에 있나요?	אֵיפֹה הִיא?

팁 רֶגַע! 대명사 혹은 인칭 대명사로 말할 땐 유도 부사가 생략됩니다.

여기	→	פֹּה [포]

여기 (있어요).	פֹּה.

여기	→	כָּאן [칸]

여기 (있어요).	כָּאן.

• ' פֹּה [포]'와 ' כָּאן [칸]'은 같은 뜻을 갖고 있습니다.

• ' פֹּה [포]'는 일상 생활의 구어체에서 조금 더 많이 사용되는 반면, ' כָּאן [칸]'은 공식적인 문구에 종종 등장합니다. 예를 들어, 호텔 로비에 두는 팻말에는 ' כָּאן [칸]'이 쓰입니다.

저기	→	שָׁם [샴]

저기 (있어요).	שָׁם.

2 전치사 בְּ

~에 (위치, 장소)	→	בְּ [베]

◦ 전치사 בְּ는 명사 앞에 붙여 말합니다.

쏙! 기억하기

그것은 어디에 있나요?	?אֵיפֹה זֶה
그것은 호텔에 있어요.	.זֶה בְּמָלוֹן
당신은 어디에 있나요? (남성에게)	?אֵיפֹה אַתָּה
나는 화장실에 있어요.	.אֲנִי בְּשֵׁרוּתִים
당신은 어디에 있나요? (여성에게)	?אֵיפֹה אַתְּ
나는 호텔에 있어요.	.אֲנִי בְּמָלוֹן
그는 어디에 있나요?	?אֵיפֹה הוּא
그는 화장실에 있어요.	.הוּא בְּשֵׁרוּתִים
그녀는 어디에 있나요?	?אֵיפֹה הִיא
그녀는 호텔에 있어요.	.הִיא בְּמָלוֹן

정리 סִכּוּם

오늘은 '어디에'라는 의미의 의문사 'אֵיפֹה [에이포]'를 활용해 위치를 묻고, '~에'라는 뜻을 가진 전치사 'בְּ [베]'를 사용해 어디에 있는지 위치를 답변하는 말하기까지 연습해 보았습니다. 다음 시간에는 대명사의 복수 형태를 배우고, 복수형 대명사를 주어로 하는 문장을 말해 보겠습니다.

연습 문제

1 다음 우리말 단어를 알맞은 히브리어 단어로 적어 보세요.

① 어디(에) ______

② 화장실 ______

③ 호텔 ______

④ 여기 ______

⑤ 여기 ______

⑥ 저기 ______

⑦ ~에 (위치, 장소) ______

2 오늘 학습한 히브리어 표현의 뜻을 우리말로 해석해 보세요.

① ______	אֵיפֹה יֵשׁ שֵׁרוּתִים?
② ______	אֵיפֹה זֶה?
③ ______	זֶה בְּמָלוֹן.
④ ______	אֵיפֹה אַתָּה?
⑤ ______	אֵיפֹה אַתְּ?
⑥ ______	אֲנִי בְּמָלוֹן.

정답 **תְּשׁוּבָה**

1 ① אֵיפֹה ② שֵׁרוּתִים ③ מָלוֹן ④ פֹּה ⑤ כָּאן ⑥ שָׁם ⑦ בְּ

2 ① 화장실은 어디에 있나요? ② 그것은 어디에 있나요? ③ 그것은 호텔에 있어요. ④ 당신은 어디에 있나요? (남성에게) ⑤ 당신은 어디에 있나요? (여성에게) ⑥ 나는 호텔에 있어요.

오늘의 학습 정리

1 오늘의 단어

어디(에)	→	אֵיפֹה
화장실	→	שֵׁרוּתִים
호텔	→	מָלוֹן
여기	→	פֹּה
여기	→	כָּאן
저기	→	שָׁם
~에 (위치, 장소)	→	בְּ

2 오늘의 표현

화장실은 어디에 있나요?	אֵיפֹה יֵשׁ שֵׁרוּתִים?
여기 있어요.	פֹּה.
여기 있어요.	כָּאן.
저기 있어요.	שָׁם.
당신은 어디에 있나요? (남)	אֵיפֹה אַתָּה?
당신은 어디에 있나요? (여)	אֵיפֹה אַתְּ?
나는 호텔에 있어요.	אֲנִי בְּמָלוֹן.

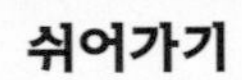

저절로 몸이 뜨는 호수 사해

짜디짠 사해

이스라엘과 요르단 국경 사이에 맞닿아 있는 사해는 대부분의 여행 코스에 포함된 관광 명소 중 하나입니다. 염도가 굉장히 높은 나머지 물고기가 살 수 없다는 이유로 '사해(死海), 죽음의 바다'라 불리게 되었습니다. 사해는 히브리어로 ' **יָם הַמֶּלַח** [얌 하멜라흐]'라고 합니다. ' **יָם** [얌]'은 바다를, ' **מֶלַח** [멜라흐]'는 소금을 의미합니다. 히브리어로는 '소금 바다'인 셈입니다. 다만 실제로는 바다가 아니라 매우 큰 호수에 해당됩니다.

사해에서의 이색 체험

사해는 높은 염도 때문에 사람이 물에 들어가 누워도 가라앉지 않고 둥둥 떠오르는 모습으로 잘 알려져 있습니다. 여행에서 느낄 수 있는 이색 체험 중 하나입니다. 실제로 많은 여행객이 이곳을 방문합니다.
사해에는 피부에 좋은 영양 성분이 풍부하게 존재하여, 피부 미용 목적으로 사해를 찾는 사람들도 있습니다. 미네랄을 함유한 사해의 진흙을 몸에 바르기도 합니다.

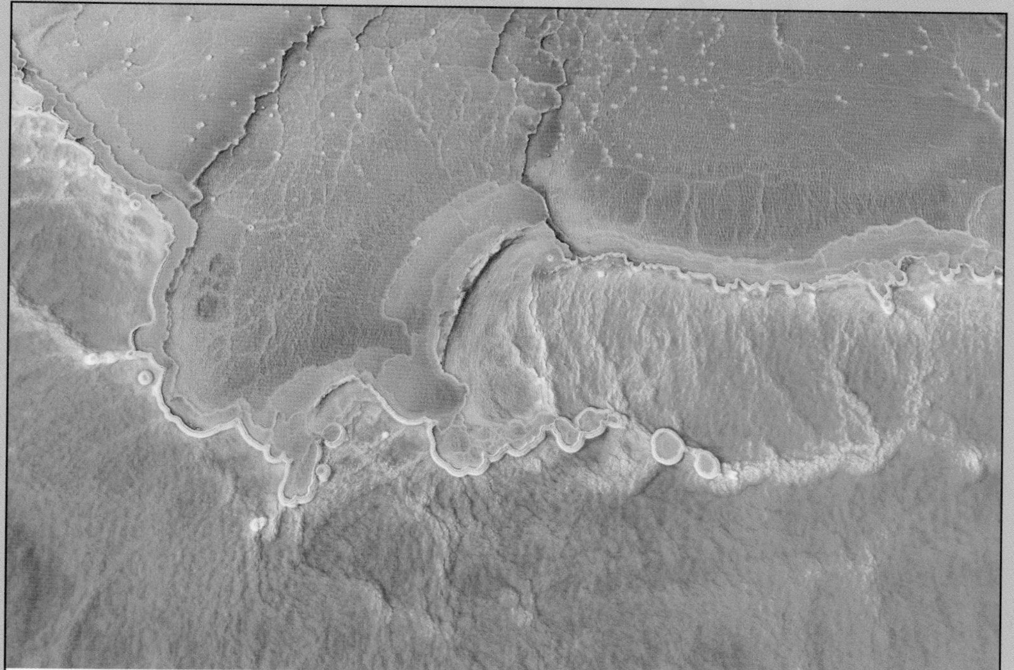

사해 체험 유의 사항

사해를 즐길 때 주의해야 할 사항이 있습니다. 먼저 사해 물이 묻은 손으로 눈을 비벼서는 안 됩니다. 그 이유는 매우 짠물이 눈에 들어가서 굉장히 따가울 수 있기 때문입니다. 그다음, 맨발보다는 아쿠아슈즈나 샌들 등 반드시 신발을 신고 입수하기를 권장합니다. 맨발로 들어갔다가는 날카로운 소금 결정에 발을 찔리거나 긁히는 등 다칠 수 있기 때문입니다. 안전 수칙을 지켜서 더 즐겁고 좋은 체험이 되시길 바랍니다.

PART 06

카르멜 산 인류 진화의 유적지,
나할 메아롯 동굴, 와디 엘 무그하라 동굴

Sites of Human Evolution at Mount Carmel ;
The Nahal Me'arot / Wadi el-Mughara Caves

복수 형태로 현재형 문장 만들기

'기쁜', '지혜로운' 표현하기

UNIT 16

이것들은 새롭다.
.אֵלֶּה חֲדָשִׁים

1 이번 시간에는 히브리어 지시 대명사의 복수 형태를 주어로 활용해 다양한 문장을 만들어 보겠습니다.

2 '새로운', '낡은'을 의미하는 형용사를 각각 학습하고, 문장에 활용해서 말해 보겠습니다.

1 지시 대명사 복수형을 이용한 평서문과 의문문

대명사를 주어로 사용하는 현재 시제 문장에서는, 지시 대명사와 명사 나열만으로 가장 기본적인 형태의 문장을 완성할 수 있음을 앞서 배웠습니다.

히브리어에서 지시 대명사가 복수 형태일 때 뒤에 오는 명사도 복수 형태로 수를 일치시킵니다.

이것들 (지시 대명사 복수형)
אֵלֶּה [엘레]

팁 !רֶגַע ' אֵלֶּה [엘레]'는 남녀 구분 없이 공통되게 사용됩니다.

물고기들 (남/복)	→	דָּגִים [다김]
이것들은 물고기들이다.		.אֵלֶּה דָּגִים

책들 (남/복)	→	סְפָרִים [쓰파림]
이것들은 책들이다.		.אֵלֶּה סְפָרִים

바나나들 (여/복)	→	בָּנָנוֹת [바나노트]

이것들은 바나나들이다. אֵלֶּה בָּנָנוֹת.

케이크들 (여/복)	→	עוּגוֹת [우고트]

이것들은 케이크들이다. אֵלֶּה עוּגוֹת.

> **한국어** 이것들은 무엇인가요?
> **히브리어** 무엇 + 이것들?

팁 !רֶגַע 의문사는 대명사 앞에 위치합니다.

이것들은 무엇인가요?	מָה אֵלֶּה?
이것들은 물고기들이다. (남/복)	אֵלֶּה דָּגִים.
이것들은 책들이다. (남/복)	אֵלֶּה סְפָרִים.
이것들은 샐러드들이다. (남/복)	אֵלֶּה סָלָטִים.

이것들은 무엇인가요?	מָה אֵלֶּה?
이것들은 바나나들이다. (여/복)	אֵלֶּה בָּנָנוֹת.
이것들은 케이크들이다. (여/복)	אֵלֶּה עוּגוֹת.
이것들은 피타들이다. (여/복)	אֵלֶּה פִּתּוֹת.

2 '새로운', '낡은' 표현 학습

> **히브리어** 이것들 + 새로운. (형용사도 복수로 통일)

- 히브리어에서 지시 대명사가 복수 형태일 때 뒤에 오는 형용사도 복수 형태로 수를 일치시킵니다.
- 남성 복수 형용사에 붙는 어미는 ' **ים** [임]', 형용사의 여성 복수 어미는 ' **וֹת** [오트]'입니다. 명사의 일반적인 복수 형태 규칙과 동일합니다.
- 기본적으로 남성 단수 형태를 기준으로 네 가지 형태 변화를 기억하시면 됩니다.

새로운 (남/단)	→	**חָדָשׁ** [하다쉬]
이것은 새롭다.		**זֶה חָדָשׁ.**
새로운 (여/단)	→	**חֲדָשָׁה** [하다샤]
이것은 새롭다.		**זֹאת חֲדָשָׁה.**
새로운 (남/복)	→	**חֲדָשִׁים** [하다쉼]
이것들은 새롭다.		**אֵלֶּה חֲדָשִׁים.**
새로운 (여/복); 뉴스 (news)	→	**חֲדָשׁוֹת** [하다쇼트]
이것들은 새롭다.		**אֵלֶּה חֲדָשׁוֹת.**

팁 רֶגַע! '새로운'이라는 의미를 가지고 있는 여성 복수 형태 형용사 ' חֲדָשׁוֹת [하다쇼트]'는 명사로 '뉴스(news)'라는 뜻도 가지고 있습니다. 그래서 히브리어 신문에서 이 단어를 어렵지 않게 발견할 수 있습니다. 문맥에 따라 의미를 이해하시면 되겠습니다.

낡은, 오래된 (남/단)	→	יָשָׁן [야샨]

이것은 낡았다.	זֶה יָשָׁן.

낡은, 오래된 (여/단)	→	יְשָׁנָה [예샤나]

이것은 낡았다.	זֹאת יְשָׁנָה.

낡은, 오래된 (남/복)	→	יְשָׁנִים [예샤님]

이것들은 낡았다.	אֵלֶּה יְשָׁנִים.

낡은, 오래된 (여/복)	→	יְשָׁנוֹת [예샤노트]

이것들은 낡았다.	אֵלֶּה יְשָׁנוֹת.

오늘은 '이것들'이라는 의미를 가진 히브리어 지시 대명사 복수 형태 ' אֵלֶּה [엘레]'에 대해 배워 보았습니다. 복수 형태인 지시 대명사 ' אֵלֶּה [엘레]'는 남성 복수 명사와 여성 복수 명사의 성별 구분 없이 공통적으로 사용됩니다. 그래서 뒤에 오는 단어가 복수 형태로 수 일치만 되면 ' אֵלֶּה [엘레]'를 주어로 활용해서 얼마든지 다채롭게 문장에 응용할 수 있습니다. 다음 시간에는 '우리'라는 의미를 가진 1인칭 복수 대명사를 히브리어로 배워서 '우리는 학생이다.', '우리는 여행객이다.'와 같은 문장을 함께 말해 보겠습니다.

연습 문제

1 다음 우리말 단어를 알맞은 히브리어 단어와 연결해 보세요.

① 낡은, 오래된 •	• אֵלֶּה
② 새로운 •	• דָּגִים
③ 이것들 •	• סְפָרִים
④ 책들 (남/복) •	• עוּגוֹת
⑤ 물고기들 (남/복) •	• יָשָׁן
⑥ 케이크들 (여/복) •	• חָדָשׁ
⑦ 뉴스 •	• חֲדָשׁוֹת

2 오늘 학습한 히브리어 표현의 뜻을 우리말로 해석해 보세요.

① ______	זֶה חָדָשׁ.
② ______	זֹאת חֲדָשָׁה.
③ ______	אֵלֶּה יְשָׁנִים.
④ ______	אֵלֶּה יְשָׁנוֹת.
⑤ ______	אֵלֶּה סְפָרִים.
⑥ ______	אֵלֶּה עוּגוֹת.

정답 **תְּשׁוּבָה**

1 ① יָשָׁן ② חָדָשׁ ③ אֵלֶּה ④ סְפָרִים ⑤ דָּגִים ⑥ עוּגוֹת ⑦ חֲדָשׁוֹת

2 ① 이것은 새롭다. (남) ② 이것은 새롭다. (여) ③ 이것들은 낡았다. (남/복) ④ 이것들은 낡았다. (여/복) ⑤ 이것들은 책들이다. (남/복) ⑥ 이것들은 케이크들이다. (여/복)

오늘의 학습 정리

1 오늘의 단어

이것들	→	אֵלֶּה
물고기들 (남/복)	→	דָּגִים
책들 (남/복)	→	סְפָרִים
케이크들 (여/복)	→	עוּגוֹת
낡은, 오래된 (남/단)	→	יָשָׁן
새로운 (남/단)	→	חָדָשׁ
새로운 (여/복); 뉴스	→	חֲדָשׁוֹת

2 오늘의 표현

이것들은 물고기들이다. (남/복)	אֵלֶּה דָּגִים.
이것들은 책들이다. (남/복)	אֵלֶּה סְפָרִים.
이것들은 케이크들이다. (여/복)	אֵלֶּה עוּגוֹת.
이것들은 새롭다. (남/복)	אֵלֶּה חֲדָשִׁים.
이것들은 새롭다. (여/복)	אֵלֶּה חֲדָשׁוֹת.
이것들은 낡았다. (남/복)	אֵלֶּה יְשָׁנִים.
이것들은 낡았다. (여/복)	אֵלֶּה יְשָׁנוֹת.

UNIT 17

우리는 기쁘다.
אֲנַחְנוּ שְׂמֵחִים.

1 히브리어의 1인칭 복수 대명사를 배우고, 1인칭 복수 대명사를 주어로 활용해 문장을 만들어 보겠습니다.

1 1인칭 대명사 복수형을 이용한 평서문

대명사를 주어로 사용하는 현재형 문장에서는, 주어와 보어로 문장을 만들 수 있습니다.

문장 = 대명사 + 단어

우리 (1인칭 대명사 복수형)

אֲנַחְנוּ

[아나흐누]

(1인칭 대명사는 남, 여 구분 없음)

팁 רֶגַע! 1인칭 대명사는 남녀 구분 없이 공통으로 사용합니다.

학생들 (남/복)	→	תַּלְמִידִים [탈미딤]

우리는 학생들이다. **אֲנַחְנוּ תַּלְמִידִים.**

학생들 (여/복)	→	תַּלְמִידוֹת [탈미도트]

우리는 학생들이다. **אֲנַחְנוּ תַּלְמִידוֹת.**

대학생들 (남/복)	→	סְטוּדֶנְטִים [스투덴팀]

우리는 대학생들이다. אֲנַחְנוּ סְטוּדֶנְטִים.

대학생들 (여/복)	→	סְטוּדֶנְטִיּוֹת [스투덴티요트]

우리는 대학생들이다. אֲנַחְנוּ סְטוּדֶנְטִיּוֹת.

여행객들 (남/복)	→	תַּיָּרִים [타야림]

우리는 여행객들이다. אֲנַחְנוּ תַּיָּרִים.

여행객들 (여/복)	→	תַּיָּרוֹת [타야로트]

우리는 여행객들이다. אֲנַחְנוּ תַּיָּרוֹת.

가수들 (남/복)	→	זַמָּרִים [자마림]

우리는 가수들이다. אֲנַחְנוּ זַמָּרִים.

가수들 (여/복)	→	זַמָּרוֹת [자마로트]

우리는 가수들이다. אֲנַחְנוּ זַמָּרוֹת.

군인들 (남/복)	→	חַיָּלִים [하얄림]

우리는 군인들이다. אֲנַחְנוּ חַיָּלִים.

군인들 (여/복)	→	חַיָּלוֹת [하얄로트]

우리는 군인들이다. אֲנַחְנוּ חַיָּלוֹת.

운전기사들 (남/복)	→	נַהָגִים [나하김]

우리는 운전기사들이다. אֲנַחְנוּ נַהָגִים.

운전기사들 (여/복)	→	נַהָגוֹת [나하고트]

우리는 운전기사들이다. אֲנַחְנוּ נַהָגוֹת.

2 '기쁜' 표현 학습하기

한국어 우리는 기쁘다.

히브리어 우리 + 기쁜.

팁 רֶגַע! 히브리어에서는 대명사가 복수 형태면 뒤에(왼쪽에) 오는 형용사도 복수 형태로 수를 일치시킵니다.

◦ 남성 복수 형용사에 붙는 어미는 ' ים [임]', 형용사의 여성 복수 어미는 ' וֹת [오트]'입니다. 명사의 일반적인 복수 형태 규칙과 동일합니다.

◦ 기본적으로 남성 단수 형태를 기준으로 네 가지 형태 변화를 기억하시면 됩니다.

기쁜 (남/단)	→	שָׂמֵחַ [싸메아흐]

나는 기쁘다. אֲנִי שָׂמֵחַ.

기쁜 (여/단)	→	שְׂמֵחָה [쓰메하]

나는 기쁘다. אֲנִי שְׂמֵחָה.

기쁜 (남/복)	→	שְׂמֵחִים [쓰메힘]

우리는 기쁘다. אֲנַחְנוּ שְׂמֵחִים.

기쁜 (여/복)	→	שְׂמֵחוֹת [쓰메호트]

우리는 기쁘다. אֲנַחְנוּ שְׂמֵחוֹת.

정리 סִכּוּם

오늘은 '우리'라는 의미의 1인칭 복수 대명사 ' אֲנַחְנוּ [아나흐누]'를 배우고, 다양한 문장에 활용해서 말해 보았습니다. 1인칭 복수 대명사 ' אֲנַחְנוּ [아나흐누]'는 성 구분 없이 남녀 공통으로 사용되는 특징을 가지고 있습니다. 따라서 남성 복수 명사와 여성 복수 명사 둘 다 연결해서 말할 수 있습니다. 단 지목된 대상의 성별 구분에 맞추어 뒤에 오는 명사 또는 형용사를 성별 구분한 점 기억해 두세요. 다음 시간에는 '당신들'이라는 의미를 가진 2인칭 남성 복수 대명사와 2인칭 여성 복수 대명사를 배워서 '당신들은 지혜롭다.'와 같은 형태의 문장을 만들어 보겠습니다.

연습 문제

1 다음 히브리어 단어의 뜻을 우리말로 적어 보세요.

① ______	אֲנַחְנוּ
② ______	תַּלְמִידִים
③ ______	תַּלְמִידוֹת
④ ______	תַּיָּרִים
⑤ ______	תַּיָּרוֹת
⑥ ______	שָׂמֵחַ

2 오늘 배운 표현들을 떠올리며 히브리어로 작문해 보세요.

① 나는 기쁘다. (남) ______

② 나는 기쁘다. (여) ______

③ 우리는 기쁘다. (남/복) ______

④ 우리는 기쁘다. (여/복) ______

⑤ 우리는 가수들이다. (남/복) ______

⑥ 우리는 가수들이다. (여/복) ______

정답 תְּשׁוּבָה

1 ① 우리 ② 학생들 (남/복) ③ 학생들 (여/복) ④ 여행객들 (남/복) ⑤ 여행객들 (여/복) ⑥ 기쁜 (남/단)

2 ① אֲנִי שָׂמֵחַ. ② אֲנִי שְׂמֵחָה. ③ אֲנַחְנוּ שְׂמֵחִים. ④ אֲנַחְנוּ שְׂמֵחוֹת. ⑤ אֲנַחְנוּ זַמָּרִים. ⑥ אֲנַחְנוּ זַמָּרוֹת.

오늘의 학습 정리

1 오늘의 단어

우리	→	אֲנַחְנוּ
학생들 (남/복)	→	תַּלְמִידִים
학생들 (여/복)	→	תַּלְמִידוֹת
여행객들 (남/복)	→	תַּיָּרִים
여행객들 (여/복)	→	תַּיָּרוֹת
기쁜 (남/단)	→	שָׂמֵחַ

2 오늘의 표현

나는 기쁘다. (남)	אֲנִי שָׂמֵחַ.
나는 기쁘다. (여)	אֲנִי שְׂמֵחָה.
우리는 기쁘다. (남/복)	אֲנַחְנוּ שְׂמֵחִים.
우리는 기쁘다. (여/복)	אֲנַחְנוּ שְׂמֵחוֹת.
우리는 여행객들이다. (남/복)	אֲנַחְנוּ תַּיָּרִים.
우리는 여행객들이다. (여/복)	אֲנַחְנוּ תַּיָּרוֹת.

UNIT 18

당신들은 지혜롭다.
.אַתֶּם חֲכָמִים

1 히브리어 2인칭 복수 대명사를 배우고, 주어로 활용해 문장을 만들어 말하기 연습을 해 보겠습니다.

1 2인칭 대명사 복수형을 이용한 평서문

2인칭 대명사 복수형

너희들, 당신들 (여)	너희들, 당신들 (남)
אַתֶּן [아텐]	אַתֶּם [아템]

2인칭 대명사 복수형

너희들, 당신들 (여)	너희들, 당신들 (남)
אַתֶּן [아텐]	אַתֶּם [아템]

당신들은 학생들이다. (남/복)	.אַתֶּם תַּלְמִידִים
당신들은 대학생들이다. (남/복)	.אַתֶּם סְטוּדֶנְטִים
당신들은 여행객들이다. (남/복)	.אַתֶּם תַּיָּרִים

당신들은 가수들이다. (남/복)	אַתֶּם זַמָּרִים.
당신들은 군인들이다. (남/복)	אַתֶּם חַיָּלִים.
당신들은 운전기사들이다. (남/복)	אַתֶּם נַהָגִים.

너희들, 당신들 (여)	너희들, 당신들 (남)
אַתֶּן [아텐]	אַתֶּם [아템]

당신들은 학생들이다. (여/복)	אַתֶּן תַּלְמִידוֹת.
당신들은 대학생들이다. (여/복)	אַתֶּן סְטוּדֶנְטִיּוֹת.
당신들은 여행객들이다. (여/복)	אַתֶּן תַּיָּרוֹת.
당신들은 가수들이다. (여/복)	אַתֶּן זַמָּרוֹת.
당신들은 군인들이다. (여/복)	אַתֶּן חַיָּלוֹת.
당신들은 운전기사들이다. (여/복)	אַתֶּן נַהָגוֹת.

2 2인칭 복수 대명사와 형용사를 이용한 평서문

한국어 당신들은 지혜롭다.

히브리어 당신들 + 지혜로운.

팁 רֶגַע! 대명사가 남성 복수 형태면 뒤에(왼쪽에) 오는 형용사도 남성 복수 형태로, 대명사가 여성 복수 형태면 뒤에 오는 형용사도 여성 복수 형태로 수와 성별을 일치시켜 주어야 합니다.

지혜	→	חָכְמָה [호크마]

지혜로운 (남/단)	→	חָכָם [하캄]
나는 지혜롭다.		אֲנִי חָכָם.
당신은 지혜롭다. (남)		אַתָּה חָכָם.

지혜로운 (여/단)	→	חֲכָמָה [하카마]
나는 지혜롭다.		אֲנִי חֲכָמָה.
당신은 지혜롭다. (여)		אַתְּ חֲכָמָה.

지혜로운 (남/복)	→	חֲכָמִים [하카밈]
우리는 지혜롭다.		אֲנַחְנוּ חֲכָמִים.
당신들은 지혜롭다. (남/복)		אַתֶּם חֲכָמִים.

지혜로운 (여/복)	→	חֲכָמוֹת [하카모트]
우리는 지혜롭다.		אֲנַחְנוּ חֲכָמוֹת.
당신들은 지혜롭다. (여/복)		אַתֶּן חֲכָמוֹת.

쏙! 기억하기

당신들은 멋지다(아름답다). (남/복)	אַתֶּם יָפִים.
당신들은 멋지다(아름답다). (여/복)	אַתֶּן יָפוֹת.
당신들은 건강하다. (남/복)	אַתֶּם בְּרִיאִים.
당신들은 건강하다. (여/복)	אַתֶּן בְּרִיאוֹת.
당신들은 지혜롭다. (남/복)	אַתֶּם חֲכָמִים.
당신들은 지혜롭다. (여/복)	אַתֶּן חֲכָמוֹת.

정리 סִכּוּם

오늘은 '당신들'이라는 의미를 가진 2인칭 복수 대명사 ' אַתֶּם [아템]'과 ' אַתֶּן [아텐]'을 배우고 문장으로 활용해 보았습니다. ' אַתֶּם [아템]'은 2인칭 남성 복수 대명사, ' אַתֶּן [아텐]'은 2인칭 여성 복수 대명사로서 가리키는 대상에 따라 남녀로 구분됩니다. 뒤에 오는 명사와 형용사는 앞에 오는 주어에 맞추어 성별과 수를 일치시켜야 하는 점 잊지 마세요.

연습 문제

1 다음 우리말 단어를 알맞은 히브리어 단어로 적어 보세요.

① 당신들 (남/복) ____________________

② 가수들 (남/복) ____________________

③ 군인들 (남/복) ____________________

④ 당신들 (여/복) ____________________

⑤ 아름다운 (여/복) ____________________

⑥ 지혜로운 (여/복) ____________________

⑦ 지혜 ____________________

2 오늘 학습한 히브리어 표현의 뜻을 우리말로 해석해 보세요.

① ____________________ אַתֶּם תַּלְמִידִים.

② ____________________ אַתֶּם תַּיָּרִים.

③ ____________________ אַתֶּם חֲכָמִים.

④ ____________________ אַתֶּן זַמָּרוֹת.

⑤ ____________________ אַתֶּן חַיָּלוֹת.

⑥ ____________________ אַתֶּן בְּרִיאוֹת.

정답 **תְּשׁוּבָה**

1 ① אַתֶּם ② זַמָּרִים ③ חַיָּלִים ④ אַתֶּן ⑤ יָפוֹת ⑥ חֲכָמוֹת ⑦ חָכְמָה

2 ① 당신들은 학생들이다. (남/복) ② 당신들은 여행객들이다. (남/복) ③ 당신들은 지혜롭다. (남/복) ④ 당신들은 가수들이다. (여/복) ⑤ 당신들은 군인들이다. (여/복) ⑥ 당신들은 건강하다. (여/복)

오늘의 학습 정리

1 오늘의 단어

뜻		단어	뜻		단어
너희들, 당신들 (남/복)	→	אַתֶּם [아템]	너희들, 당신들 (여/복)	→	אַתֶּן [아텐]
가수들 (남/복)	→	זַמָּרִים [자마림]	가수들 (여/복)	→	זַמָּרוֹת [자마로트]
군인들 (남/복)	→	חַיָּלִים [하얄림]	군인들 (여/복)	→	חַיָּלוֹת [하얄로트]
운전기사들 (남/복)	→	נַהָגִים [나하김]	운전기사들 (여/복)	→	נַהָגוֹת [나하고트]
지혜	→	חָכְמָה [호크마]	지혜로운 (남/단)	→	חָכָם [하캄]

2 오늘의 표현

나는 지혜롭다. (남/여)	אֲנִי חָכָם./ אֲנִי חֲכָמָה.
우리는 지혜롭다. (남복/여복)	אֲנַחְנוּ חֲכָמִים./ אֲנַחְנוּ חֲכָמוֹת.
당신들은 아름답다. (남/복)	אַתֶּם יָפִים.
당신들은 아름답다. (여/복)	אַתֶּן יָפוֹת.
당신들은 건강하다. (남/복)	אַתֶּם בְּרִיאִים.
당신들은 건강하다. (여/복)	אַתֶּן בְּרִיאוֹת.
당신들은 지혜롭다. (남/복)	אַתֶּם חֲכָמִים.
당신들은 지혜롭다. (여/복)	אַתֶּן חֲכָמוֹת.
당신들은 아름답다. (남/복)	אַתֶּם יָפִים.
당신들은 아름답다. (여/복)	אַתֶּן יָפוֹת.

UNIT 19

누구시죠? מִי זֶה?

1 히브리어 3인칭 복수 대명사를 배우고, 주어로 활용해 문장을 만들어 보겠습니다. 더불어, '누구'라는 의미의 의문사를 사용해 '누구시죠?'와 같은 표현을 히브리어로 말해 보겠습니다.

1 의문사가 있는 의문문 ❷

한국어 누구시죠?
히브리어 누구 + 이것?

팁 רֶגַע! 히브리어에서 의문사는 문장의 맨 앞에 위치합니다.

이것(들)

복수 지시 대명사	여성 단수 지시 대명사	남성 단수 지시 대명사
אֵלֶּה [엘레]	זֹאת [조트]	זֶה [제]

누구 → מִי [미]

누구시죠?	מִי זֶה?
누구시죠? (여성에게)	מִי זֹאת?
이들은 누구인가요?	מִי אֵלֶּה?

그들은 누구인가요?	מִי הֵם?
그녀들은 누구인가요?	מִי הֵן?
나는 누구인가요?	מִי אֲנִי?
당신은 누구인가요? (남)	מִי אַתָּה?
당신은 누구인가요? (여)	מִי אַתְּ?
그는 누구인가요?	מִי הוּא?
그녀는 누구인가요?	מִי הִיא?
우리는 누구인가요?	מִי אֲנַחְנוּ?
당신들은 누구인가요? (남/복)	מִי אַתֶּם?
당신들은 누구인가요? (여/복)	מִי אַתֶּן?

2 3인칭 대명사 복수형을 이용한 평서문과 의문문

한국어 그(녀)들은 누구인가요?
히브리어 누구 + 그(녀)들?

팁 רֶגַע! 히브리어에서 의문사는 문장의 맨 앞에 위치합니다.

3인칭 대명사 복수형

그녀들	그들
הֵן [헨]	הֵם [헴]

3인칭 대명사 복수형

그녀들	그들
הֵן	הֵם
[헨]	[헴]

הֵם תַּלְמִידִים. 그들은 학생들이다. (남/복)

הֵם סְטוּדֶנְטִים. 그들은 대학생들이다. (남/복)

הֵם תַּיָּרִים. 그들은 여행객들이다. (남/복)

הֵם זַמָּרִים. 그들은 가수들이다. (남/복)

הֵם חַיָּלִים. 그들은 군인들이다. (남/복)

הֵם נַהָגִים. 그들은 운전기사들이다. (남/복)

3인칭 대명사 복수형

그녀들	그들
הֵן [헨]	הֵם [헴]

그녀들은 학생들이다.	הֵן תַּלְמִידוֹת.
그녀들은 대학생들이다.	הֵן סְטוּדֶנְטִיּוֹת.
그녀들은 여행객들이다.	הֵן תַּיָּרוֹת.
그녀들은 가수들이다.	הֵן זַמָּרוֹת.
그녀들은 군인들이다.	הֵן חַיָּלוֹת.
그녀들은 운전기사들이다.	הֵן נַהָגוֹת.

누구	מִי [미]
그들은 누구인가요? (남/복)	מִי הֵם?
그녀들은 누구인가요?	מִי הֵן?

오늘은 '그들', '그녀들'이라는 의미를 가진 3인칭 복수 대명사를 배우고, 다양한 문장에 활용해 보았습니다. 또한, '누구'라는 뜻의 의문사 'מִי [미]'를 사용해서 '누구시죠?'와 같은 형태의 질문을 말해 보았습니다. 다음 시간에는 '공부하다'라는 뜻의 일반 동사를 히브리어로 배우고 문장을 만들어 말하기 연습을 해 보겠습니다.

연습 문제

1 다음 우리말 단어를 알맞은 히브리어 단어와 연결해 보세요.

① 이것 (남/단) •	• מִי
② 이것 (여/단) •	• זֶה
③ 이것들 •	• זֹאת
④ 누구 (의문사) •	• אֵלֶּה
⑤ 그들 •	• אֲנַחְנוּ
⑥ 그녀들 •	• אַתֶּם
⑦ 우리 •	• אַתֶּן
⑧ 당신들 (남/복) •	• הֵם
⑨ 당신들 (여/복) •	• הֵן

2 오늘 학습한 히브리어 표현의 뜻을 우리말로 해석해 보세요.

① ______________	מִי זֶה?
② ______________	הֵם תַּיָּרִים.
③ ______________	הֵם חַיָּלִים.
④ ______________	הֵם נַהָגִים.
⑤ ______________	הֵן תַּלְמִידוֹת.
⑥ ______________	הֵן סְטוּדֶנְטִיּוֹת.

정답 **תְּשׁוּבָה**

1 ① זֶה ② זֹאת ③ אֵלֶּה ④ מִי ⑤ הֵם ⑥ הֵן ⑦ אֲנַחְנוּ ⑧ אַתֶּם ⑨ אַתֶּן

2 ① 누구시죠? ② 그들은 여행객들이다. (남/복) ③ 그들은 군인들이다. (남/복) ④ 그들은 운전기사들이다. (남/복) ⑤ 그녀들은 학생들이다. ⑥ 그녀들은 대학생들이다.

오늘의 학습 정리

1 오늘의 단어

누구	→	מִי
그들	→	הֵם
그녀들	→	הֵן

2 오늘의 표현

누구시죠?	מִי זֶה?
나는 누구인가요?	מִי אֲנִי?
당신은 누구인가요? (남)	מִי אַתָּה?
당신은 누구인가요? (여)	מִי אַתְּ?
그들은 누구인가요?	מִי הֵם?
그들은 가수들이다. (남/복)	הֵם זַמָּרִים.
그녀들은 누구인가요?	מִי הֵן?
그녀들은 가수들이다.	הֵן זַמָּרוֹת.

쉬어가기

유대교의 전통 음식법 코셔

이스라엘의 음식법, 코셔

이스라엘에는 코셔(כָּשֵׁר)라는 음식법이 있습니다. 유대교의 전통에서 유래된 율법으로서 먹을 수 있는 음식과 먹어서는 안 되는 음식을 구분하며, 식품을 생산하고 만드는 방식과 요리 과정까지도 세세히 규정합니다. 대표적으로 돼지, 새우 등 특정 동물과 갑각류 섭취를 금합니다.

코셔가 이스라엘에서 유통되는 모든 식료품에 적용되는 것은 아닙니다. 다만, 유대교의 법과 전통을 지키고자 하는 사람들을 위해 코셔 인증 기관에서 검증하고 유통합니다. 그래서 이스라엘에서 판매되는 식료품을 보면, 코셔 인증을 받은 고기나 과자에 마크가 들어가 있는 것을 볼 수 있습니다.

코셔 음식법을 지키는 사람들

코셔 문화는 이스라엘에 전반적으로 스며들어 있습니다. 대표적인 예로 이스라엘에 있는 맥도날드를 가면 코셔가 적용되는 구간과 적용되지 않는 구간이 구분되어 있습니다. 코셔 법은 우유와 치즈 등의 유제품을 고기와 함께 먹지 않도록 하므로, 코셔 구역에서는 치즈 버거를 판매하지 않습니다. 또한 유제품이 들어가는 아이스크림은 별도의 창구에서 판매하는 식입니다.

PART 07

성서 텔 - 메기도(므깃도), 하솔, 베르셰바(브엘세바)

Biblical Tels-Megiddo, Hazor, Beer Sheba

일반동사를 사용해 문장 말하기

'공부하다', '질문하다' 표현하기

UNIT 20	나는 탈무드를 공부한다.	אֲנִי לוֹמֵד תַּלְמוּד.
UNIT 21	그녀는 책을 읽는다.	הִיא קוֹרֵאת סֵפֶר.
UNIT 22	질문이 있어요.	יֵשׁ לִי שְׁאֵלָה.

UNIT 20

나는 탈무드를 공부한다.
אֲנִי לוֹמֵד תַּלְמוּד.

1 이번 시간에는 '공부하다'라는 의미의 동사를 배우고 문장으로 활용해서 말해 보겠습니다.

1 파알 동사 일반형

히브리어의 동사는 각 유형의 의미와 기능에 따라 일곱 가지 유형으로 구분합니다. 각 유형이 갖는 의미는 크게 '능동', '재귀', '수동'의 기준으로 나뉩니다. 또한, 동사의 형태를 보고 각 동사의 유형을 구분할 수도 있습니다.

본서에서는 능동형에 해당되는 파알 동사와 피엘 동사를 중심으로 학습하겠습니다. '보다', '듣다', 그리고 '말하다'와 같이 일상에서 가장 많이 사용되는 동사들이 이 두 유형에 해당됩니다.

능동형	재귀형	수동형
פָּעַל [파알]		נִפְעַל [니프알]
פִּעֵל [피엘]	הִתְפַּעֵל [히트파엘]	פֻּעַל [푸알]
הִפְעִיל [히프일]		הֻפְעַל [후프알]

나머지 동사 유형들은 상대적으로 난이도가 높고 사용 빈도가 비교적 낮기 때문에 본서에서는 직접적으로 다루지는 않으나, 히브리어의 동사가 일곱 가지로 구분된다는 점은 기억해 두시면 좋습니다.

פָּעַל
[파알]

- 파알 동사는 일반적으로 단순한 행위를 직접 하는 단순 능동의 의미를 가지고 있습니다.
- 파알 동사는 ' קַל [칼]' 동사로도 불립니다. 참고로, ' קַל [칼]'이라는 단어는 히브리어로 '단순한' 혹은 '쉬운'이라는 의미를 가지고 있습니다. 그만큼 파알 동사는 히브리에서 가장 기본적인 형태입니다. 오늘 학습하는 동사 또한 파알 동사, 칼 동사에 해당됩니다.

לִלְמוֹד
공부하다 (원형) [릴모드]

- 현대 히브리어에는 원형 부정사라는 개념이 있습니다. 부정사란 형태가 고정되어 변하지 않음을 의미합니다. 동사 변형의 기준이 되는 형태로서, '동사 원형'이라고도 부릅니다.
- 일반적으로 파알 동사의 원형은 첫 글자로서의 ' ל [라메드]'가 맨 앞에 위치하고, 두 번째 그리고 세 번째 어근 사이에 [ㅗ] 소리에 해당되는 모음이 오는 구조를 갖고 있습니다.

לִלְמוֹד
공부하다 (원형) [ד + מ + ל]

- 히브리어 단어는 기본적으로 각각의 어근에서 파생되었습니다. 여기서 어근이란 '단어의 뿌리'를 말합니다. 히브리어의 어근은 세 자음으로 구성되어 있습니다.

  예를 들어, '공부하다'라는 의미의 동사 ' לִלְמוֹד [릴모드]'의 어근은 ' ל [라메드]', ' מ [멤]', ' ד [달레트]'입니다. 이 세 자음이 이 동사의 어근이 됩니다.
- 동사를 배울 때 어근을 함께 학습하는 이유는, 어근을 기준으로 히브리어 동사의 형태 변화를 이해할 수 있기 때문입니다. 또한, 각각의 어근은 특정한 뜻과 의미를 갖고 있기 때문에 어근을 알면 단어의 뜻을 유추할 수 있습니다.

학생	→	תַּלְמִיד [탈미드]

◦ '공부하다'라는 의미의 동사 ' לִלְמוֹד [릴모드]'와, '학생'이라는 뜻의 명사 ' תַּלְמִיד [탈미드]'는 같은 어근을 갖고 있습니다. 이 두 단어 모두 '배움'과 관련이 있는 것을 볼 수 있는데요. 이처럼 어근에는 특정한 뜻과 의미가 있기 때문에 같은 어근에서 파생한 단어들은 서로 연관된 의미를 갖고 있습니다.

탈무드	→	תַּלְמוּד [탈무드]

לִלְמוֹד [ל + מ + ד] 공부하다	תַּלְמִיד [ל + מ + ד] 학생	תַּלְמוּד [ל + מ + ד] 탈무드

◦ ' תַּלְמוּד [탈무드]' 또한 ' לִלְמוֹד [릴모드]' 그리고 ' תַּלְמִיד [탈미드]'와 동일한 어근을 가지고 있습니다. 이 세 단어 모두 '배움'과 관련이 있습니다.

לִלְמוֹד **공부하다 (원형)** [릴모드]		
공부하다 (남/단)	→	לוֹמֵד [로메드]
공부하다 (여/단)	→	לוֹמֶדֶת [로메데트]
공부하다 (남/복)	→	לוֹמְדִים [롬딤]

공부하다 (여/복)	→	לוֹמְדוֹת [롬도트]

◦ 파알 동사의 현재형에는 일반적으로 [ㅗ] 소리에 해당되는 모음이 첫 번째, 두 번째 어근 사이에 옵니다.

공부하다 (남/단)	→	לוֹמֵד [로메드]
나는 공부한다. (남)		אֲנִי לוֹמֵד.
당신은 공부한다. (남)		אַתָּה לוֹמֵד.
그는 공부한다.		הוּא לוֹמֵד.

공부하다 (여/단)	→	לוֹמֶדֶת [로메데트]
나는 공부한다. (여)		אֲנִי לוֹמֶדֶת.
당신은 공부한다. (여)		אַתְּ לוֹמֶדֶת.
그녀는 공부한다.		הִיא לוֹמֶדֶת.

공부하다 (남/복)	→	לוֹמְדִים [롬딤]
우리는 탈무드를 공부한다. (남/복)		אֲנַחְנוּ לוֹמְדִים תַּלְמוּד.
당신들은 탈무드를 공부한다. (남/복)		אַתֶּם לוֹמְדִים תַּלְמוּד.
그들은 탈무드를 공부한다. (남/복)		הֵם לוֹמְדִים תַּלְמוּד.

공부하다 (여/복)	→	לוֹמְדוֹת [롬도트]
우리는 탈무드를 공부한다. (여/복)		אֲנַחְנוּ לוֹמְדוֹת תַּלְמוּד.
당신들은 탈무드를 공부한다. (여/복)		אַתֶּן לוֹמְדוֹת תַּלְמוּד.
그녀들은 탈무드를 공부한다.		הֵן לוֹמְדוֹת תַּלְמוּד.

2 국가별 언어명

목적어 자리에 언어명을 넣어서 문장을 응용해 보세요.

이스라엘	→	יִשְׂרָאֵל [이쓰라엘]
히브리어	→	עִבְרִית [이브리트]
우리는 히브리어를 공부한다. (남/복)		אֲנַחְנוּ לוֹמְדִים עִבְרִית.
우리는 히브리어를 공부한다. (여/복)		אֲנַחְנוּ לוֹמְדוֹת עִבְרִית.
당신들은 히브리어를 공부한다. (남/복)		אַתֶּם לוֹמְדִים עִבְרִית.
당신들은 히브리어를 공부한다. (여/복)		אַתֶּן לוֹמְדוֹת עִבְרִית.

한국	→	קוֹרֵיאָה [코레아]
한국어	→	קוֹרֵאָנִית [코레아니트]

그들은 한국어를 공부한다. (남/복)	הֵם לוֹמְדִים קוֹרֵאָנִית.
그녀들은 한국어를 공부한다.	הֵן לוֹמְדוֹת קוֹרֵאָנִית.

잉글랜드; 영국	→	אַנְגְּלִיָּה [안글리야]
영어	→	אַנְגְּלִית [안글리트]

나는 영어를 공부한다. (남)	אֲנִי לוֹמֵד אַנְגְּלִית.
당신은 영어를 공부한다. (남)	אַתָּה לוֹמֵד אַנְגְּלִית.
나는 영어를 공부한다. (여)	אֲנִי לוֹמֶדֶת אַנְגְּלִית.
당신은 영어를 공부한다. (여)	אַתְּ לוֹמֶדֶת אַנְגְּלִית.

중국	→	סִין [씬]
중국어	→	סִינִית [씨니트]

그는 중국어를 공부한다.	הוּא לוֹמֵד סִינִית.
그녀는 중국어를 공부한다.	הִיא לוֹמֶדֶת סִינִית.

일본	יַפָּן [야판]
일본어	יַפָּנִית [야파니트]

러시아	רוּסְיָה [루씨야]
러시아어	רוּסִית [루씨트]

스페인	סְפָרַד [스파라드]
스페인어	סְפָרַדִּית [스파라디트]

독일	גֶּרְמַנְיָה [게르마니야]
독일어	גֶּרְמָנִית [게르마니트]

프랑스	צָרְפַת [짜르파트]
프랑스어	צָרְפָתִית [짜르파티트]

아랍	עֲרָב [아랍]
아랍어	עֲרָבִית [아라비트]

쏙! 기억하기

나는 공부한다. (남)	אֲנִי לוֹמֵד.
당신은 공부한다. (여)	אַתְּ לוֹמֶדֶת.
우리는 탈무드를 공부한다. (남/복)	אֲנַחְנוּ לוֹמְדִים תַּלְמוּד.
당신들은 히브리어를 공부한다. (여/복)	אַתֶּן לוֹמְדוֹת עִבְרִית.
그들은 아랍어를 공부한다. (남/복)	הֵם לוֹמְדִים עֲרָבִית.
그녀들은 러시아어를 공부한다.	הֵן לוֹמְדוֹת רוּסִית.

오늘은 '공부하다'라는 뜻의 히브리어 일반 동사 ' לִלְמוֹד [릴모드]'를 새롭게 배우고 문장에 적용해 보았습니다. 히브리어 동사의 현재형은 남과 여 그리고 단수와 복수를 기준으로 네 가지 형태로 구분되는데요. 주어의 성별과 수에 따라, 동사의 형태가 바뀌었습니다. 주어 + 동사 + 목적어로 이어지는 일반적인 어순을 잘 지키면 히브리어 문장을 어렵지 않게 완성할 수 있습니다. 다음 시간에는 무언가를 '읽는다'라는 의미의 히브리어 일반 동사를 배우고 '책을 읽는다.', '신문을 읽는다.'와 같이 문장을 만들어 활용해 보겠습니다.

연습 문제

1 다음 히브리어 단어의 뜻을 우리말로 적어 보세요.

① ________________	עִבְרִית
② ________________	קוֹרֵאָנִית
③ ________________	אַנְגְּלִית
④ ________________	סִינִית
⑤ ________________	יַפָּנִית
⑥ ________________	עֲרָבִית
⑦ ________________	רוּסִית
⑧ ________________	תַּלְמוּד

2 오늘 배운 표현들을 떠올리며 히브리어로 작문해 보세요.

① 나는 히브리어를 공부한다. (남) ________________

② 나는 히브리어를 공부한다. (여) ________________

③ 그는 한국어를 공부한다. ________________

④ 그녀는 한국어를 공부한다. ________________

⑤ 그들은 영어를 공부한다. (남/복) ________________

⑥ 그녀들은 중국어를 공부한다. ________________

정답 **תְּשׁוּבָה**

1 ① 히브리어 ② 한국어 ③ 영어 ④ 중국어 ⑤ 일본어 ⑥ 아랍어 ⑦ 러시아어 ⑧ 탈무드

2 ① אֲנִי לוֹמֵד עִבְרִית. ② אֲנִי לוֹמֶדֶת עִבְרִית. ③ הוּא לוֹמֵד קוֹרֵאָנִית. ④ הִיא לוֹמֶדֶת קוֹרֵאָנִית. ⑤ הֵם לוֹמְדִים אַנְגְּלִית. ⑥ הֵן לוֹמְדוֹת סִינִית.

오늘의 학습 정리

1 오늘의 단어

לִלְמוֹד

공부하다 (원형) [릴모드]

공부하다 (남/단)	**לוֹמֵד** [로메드]
공부하다 (여/단)	**לוֹמֶדֶת** [로메데트]
공부하다 (남/복)	**לוֹמְדִים** [롬딤]
공부하다 (여/복)	**לוֹמְדוֹת** [롬도트]

2 오늘의 표현

나는 히브리어를 공부한다. (남)	**אֲנִי לוֹמֵד עִבְרִית.**
나는 히브리어를 공부한다. (여)	**אֲנִי לוֹמֶדֶת עִבְרִית.**
그들은 한국어를 공부한다. (남/복)	**הֵם לוֹמְדִים קוֹרֵאָנִית.**
그녀들은 한국어를 공부한다.	**הֵן לוֹמְדוֹת קוֹרֵאָנִית.**
그들은 탈무드를 공부한다. (남/복)	**הֵם לוֹמְדִים תַּלְמוּד.**
그녀들은 탈무드를 공부한다.	**הֵן לוֹמְדוֹת תַּלְמוּד.**
그들은 아랍어를 공부한다. (남/복)	**הֵם לוֹמְדִים עֲרָבִית.**
그녀들은 러시아어를 공부한다.	**הֵן לוֹמְדוֹת רוּסִית.**

UNIT 21

그녀는 책을 읽는다.
הִיא קוֹרֵאת סֵפֶר.

1 이번 시간에는 '기록하다', '읽다'라는 의미의 동사를 각각 배우고 문장에 활용해 보겠습니다.

1 '기록하다' 동사 학습

능동형	재귀형	수동형
פָּעַל [파알]		נִפְעַל [니프알]
פִּעֵל [피엘]	הִתְפַּעֵל [히트파엘]	פֻּעַל [푸알]
הִפְעִיל [히프일]		הֻפְעַל [후프알]

본 과에서 학습하는 동사 ' לִכְתּוֹב [리크토브]'는 칼 동사에 해당됩니다.

לִכְתּוֹב
기록하다, 쓰다 (원형) [리크토브]

◦ 동사 ' לִכְתּוֹב [리크토브]'는 무언가를 '기록하다', '작성하다'를 의미합니다.

מִכְתָּב
편지 [미크타브]

기록하다, 쓰다	편지
לִכְתּוֹב [כ + ת + ב]	מִכְתָּב [כ + ת + ב]

◦ 동사 'לִכְתּוֹב [리크토브]'와 명사 'מִכְתָּב [미크타브]'는 같은 어근을 갖고 있습니다. 동일한 어근을 갖고 있는 두 단어의 뜻 모두 '기록'과 관련이 있습니다.

기록하다, 쓰다 (남/단) →	כּוֹתֵב [코테브]
나는 편지를 쓴다. (남)	אֲנִי כּוֹתֵב מִכְתָּב.
당신은 편지를 쓴다. (남)	אַתָּה כּוֹתֵב מִכְתָּב.
그는 편지를 쓴다.	הוּא כּוֹתֵב מִכְתָּב.

기록하다, 쓰다 (여/단) →	כּוֹתֶבֶת [코테베트]
나는 편지를 쓴다. (여)	אֲנִי כּוֹתֶבֶת מִכְתָּב.
당신은 편지를 쓴다. (여)	אַתְּ כּוֹתֶבֶת מִכְתָּב.
그녀는 편지를 쓴다.	הִיא כּוֹתֶבֶת מִכְתָּב.

기록하다, 쓰다 (남/복) →	כּוֹתְבִים [코트빔]
우리는 편지를 쓴다. (남/복)	אֲנַחְנוּ כּוֹתְבִים מִכְתָּב.
당신들은 편지를 쓴다. (남/복)	אַתֶּם כּוֹתְבִים מִכְתָּב.
그들은 편지를 쓴다. (남/복)	הֵם כּוֹתְבִים מִכְתָּב.

기록하다, 쓰다 (여/복)	→	כּוֹתְבוֹת [코트보트]
우리는 편지를 쓴다. (여/복)		אֲנַחְנוּ כּוֹתְבוֹת מִכְתָּב.
당신들은 편지를 쓴다. (여/복)		אַתֶּן כּוֹתְבוֹת מִכְתָּב.
그녀들은 편지를 쓴다.		הֵן כּוֹתְבוֹת מִכְתָּב.

2 '읽다' 동사 학습

לִקְרוֹא
읽다 (원형) [리크로]

책	→	סֵפֶר [쎄페르]

읽다 (남/단)	→	קוֹרֵא [코레]
나는 책을 읽는다. (남)		אֲנִי קוֹרֵא סֵפֶר.
당신은 책을 읽는다. (남)		אַתָּה קוֹרֵא סֵפֶר.
그는 책을 읽는다.		הוּא קוֹרֵא סֵפֶר.

읽다 (여/단)	→	קוֹרֵאת [코레트]
나는 책을 읽는다. (여)		אֲנִי קוֹרֵאת סֵפֶר.
당신은 책을 읽는다. (여)		אַתְּ קוֹרֵאת סֵפֶר.

הִיא קוֹרֵאת סֵפֶר.	그녀는 책을 읽는다.

קוֹרְאִים [코르임] → 읽다 (남/복)

אֲנַחְנוּ קוֹרְאִים סֵפֶר.	우리는 책을 읽는다. (남/복)
אַתֶּם קוֹרְאִים סֵפֶר.	당신들은 책을 읽는다. (남/복)
הֵם קוֹרְאִים סֵפֶר.	그들은 책을 읽는다. (남/복)

קוֹרְאוֹת [코르오트] → 읽다 (여/복)

אֲנַחְנוּ קוֹרְאוֹת סֵפֶר.	우리는 책을 읽는다. (여/복)
אַתֶּן קוֹרְאוֹת סֵפֶר.	당신들은 책을 읽는다. (여/복)
הֵן קוֹרְאוֹת סֵפֶר.	그녀들은 책을 읽는다.

עִתּוֹן [이톤] → 신문

אֲנִי קוֹרֵא עִתּוֹן.	나는 신문을 읽는다. (남)
אֲנִי קוֹרֵאת עִתּוֹן.	나는 신문을 읽는다. (여)

팁 רֶגַע! 목적어 자리에 다른 단어를 넣어서 문장을 응용할 수 있습니다.

정리 סִכּוּם

오늘은 '읽다'의 뜻으로 쓰이는 히브리어 동사 ' לִקְרֹא [리크로]'를 새롭게 배워 보았습니다. 또한, 이 동사를 활용해서 '나는 책을 읽는다.', '신문을 읽는다.'와 같은 문장을 만들어 말해 보았는데요, 다음 시간에는 '듣다', '질문하다' 동사를 함께 학습하고, 말해 보도록 하겠습니다.

연습 문제

1 다음 우리말 단어를 알맞은 히브리어 단어로 적어 보세요.

① 기록하다 (남/단) ________

② 기록하다 (여/단) ________

③ 기록하다 (여/복) ________

④ 편지 ________

⑤ 읽다 (남/단) ________

⑥ 읽다 (여/단) ________

⑦ 읽다 (남/복) ________

⑧ 신문 ________

2 오늘 학습한 히브리어 표현의 뜻을 우리말로 해석해 보세요.

① ________ אֲנִי כּוֹתֵב מִכְתָּב.

② ________ אֲנִי קוֹרֵא סֵפֶר.

③ ________ אֲנִי קוֹרֵא עִתּוֹן.

④ ________ אֲנִי כּוֹתֶבֶת מִכְתָּב.

⑤ ________ אֲנִי קוֹרֵאת סֵפֶר.

⑥ ________ אֲנִי קוֹרֵאת עִתּוֹן.

정답 **תְּשׁוּבָה**

1 ① כּוֹתֵב ② כּוֹתֶבֶת ③ כּוֹתְבוֹת ④ מִכְתָּב ⑤ קוֹרֵא ⑥ קוֹרֵאת ⑦ קוֹרְאִים ⑧ עִתּוֹן

2 ① 나는 편지를 쓴다. (남) ② 나는 책을 읽는다. (남) ③ 나는 신문을 읽는다. (남) ④ 나는 편지를 쓴다. (여) ⑤ 나는 책을 읽는다. (여) ⑥ 나는 신문을 읽는다. (여)

오늘의 학습 정리

1 오늘의 단어

לִכְתּוֹב
기록하다, 쓰다 (원형) [리크토브]

기록하다, 쓰다 (남/단)	**כּוֹתֵב** [코테브]	기록하다, 쓰다 (남/복)	**כּוֹתְבִים** [코트빔]
기록하다, 쓰다 (여/단)	**כּוֹתֶבֶת** [코테베트]	기록하다, 쓰다 (여/복)	**כּוֹתְבוֹת** [코트보트]

לִקְרוֹא
읽다 (원형) [리크로]

읽다 (남/단)	**קוֹרֵא** [코레]	읽다 (남/복)	**קוֹרְאִים** [코르임]
읽다 (여/단)	**קוֹרֵאת** [코레트]	읽다 (여/복)	**קוֹרְאוֹת** [코르오트]

2 오늘의 표현

나는 편지를 쓴다. (남)	**אֲנִי כּוֹתֵב מִכְתָּב.**
나는 편지를 쓴다. (여)	**אֲנִי כּוֹתֶבֶת מִכְתָּב.**
그는 편지를 쓴다.	**הוּא כּוֹתֵב מִכְתָּב.**
그녀는 편지를 쓴다.	**הִיא כּוֹתֶבֶת מִכְתָּב.**
우리는 책을 읽는다. (남/복)	**אֲנַחְנוּ קוֹרְאִים סֵפֶר.**
당신들은 편지를 쓴다. (여/복)	**אַתֶּן כּוֹתְבוֹת מִכְתָּב.**

UNIT 22

질문이 있어요.
יֵשׁ לִי שְׁאֵלָה.

1 이번 시간에는 '듣다', '질문하다'라는 의미의 동사를 각각 배우고 문장에 활용해 보겠습니다.

1 '듣다' 동사 학습

לִשְׁמוֹעַ

듣다 (원형) [리쉬모아]

음악	→	מוּזִיקָה [무지카]

듣다 (남/단)	שׁוֹמֵעַ [쇼메아]
나는 음악을 듣는다. (남)	אֲנִי שׁוֹמֵעַ מוּזִיקָה.
그는 음악을 듣는다.	הוּא שׁוֹמֵעַ מוּזִיקָה.

듣다 (여/단)	שׁוֹמַעַת [쇼마아트]
나는 음악을 듣는다. (여)	אֲנִי שׁוֹמַעַת מוּזִיקָה.
그녀는 음악을 듣는다.	הִיא שׁוֹמַעַת מוּזִיקָה.

듣다 (남/복)	→	שׁוֹמְעִים [쇼므임]
우리는 음악을 듣는다. (남/복)		אֲנַחְנוּ שׁוֹמְעִים מוּזִיקָה.
그들은 음악을 듣는다. (남/복)		הֵם שׁוֹמְעִים מוּזִיקָה.

듣다 (여/복)	→	שׁוֹמְעוֹת [쇼므오트]
우리는 음악을 듣는다. (여/복)		אֲנַחְנוּ שׁוֹמְעוֹת מוּזִיקָה.
그녀들은 음악을 듣는다.		הֵן שׁוֹמְעוֹת מוּזִיקָה.

◦ 전치사 ' אֶת [에트]'는 특정한 대상을 지칭할 때 사용합니다. 예를 들어, 일반적인 음악을 가리킬 땐 전치사 ' אֶת [에트]' 없이 목적어 ' מוּזִיקָה [무지카]'만으로 표현하지만, 특정한 음악을 가리킬 때는 전치사 ' אֶת [에트]'를 함께 사용합니다.

אֶת

(특정한) ~을/를 [에트]

◦ 전치사 ' אֶת [에트]'는 목적어 앞에(오른쪽에) 띄어서 사용하는 특징을 가지고 있습니다.

הַ

(바로) 그 [하]

◦ 히브리어의 정관사는 ' הַ [하]'입니다. 여기서 정관사란 명사 앞에 붙어서 특정한 대상을 가리키는 의미로 사용되는 관사를 말합니다. 영어의 정관사 'the'에 해당되는 개념입니다.

쏙! 기억하기

나는 그 음악을 듣는다. (남)	אֲנִי שׁוֹמֵעַ אֶת הַמּוּזִיקָה.
나는 그 음악을 듣는다. (여)	אֲנִי שׁוֹמַעַת אֶת הַמּוּזִיקָה.
우리는 그 음악을 듣는다. (남/복)	אֲנַחְנוּ שׁוֹמְעִים אֶת הַמּוּזִיקָה.
우리는 그 음악을 듣는다. (여/복)	אֲנַחְנוּ שׁוֹמְעוֹת אֶת הַמּוּזִיקָה.

2 '질문하다' 동사 학습

לִשְׁאוֹל

질문하다 (원형) [리쉬올]

질문 → **שְׁאֵלָה** [쉐엘라]

질문하다 (남/단) → **שׁוֹאֵל** [쇼엘]

나는 이것을 질문한다. (남)	אֲנִי שׁוֹאֵל אֶת זֶה.
그는 이것을 질문한다.	הוּא שׁוֹאֵל אֶת זֶה.

질문하다 (여/단) → **שׁוֹאֶלֶת** [쇼엘레트]

나는 이것을 질문한다. (여)	אֲנִי שׁוֹאֶלֶת אֶת זֶה.
당신은 이것을 질문한다. (여)	אַתְּ שׁוֹאֶלֶת אֶת זֶה.

질문하다 (남/복)	→	שׁוֹאֲלִים [쇼알림]
우리는 이것을 질문한다. (남/복)		אֲנַחְנוּ שׁוֹאֲלִים אֶת זֶה.
당신들은 이것을 질문한다. (남/복)		אַתֶּם שׁוֹאֲלִים אֶת זֶה.

질문하다 (여/복)	→	שׁוֹאֲלוֹת [쇼알로트]
우리는 이것을 질문한다. (여/복)		אֲנַחְנוּ שׁוֹאֲלוֹת אֶת זֶה.
당신들은 이것을 질문한다. (여/복)		אַתֶּן שׁוֹאֲלוֹת אֶת זֶה.

없다 (부정 유도부사)	있다 (긍정 유도부사)
אֵין [엔]	יֵשׁ [예쉬]

기억하기

질문이 있어요.	יֵשׁ שְׁאֵלָה.
질문 없어요.	אֵין שְׁאֵלָה.
저(에게) 질문 있어요.	יֵשׁ לִי שְׁאֵלָה.
저(에게) 질문 없어요.	אֵין לִי שְׁאֵלָה.

☆ 정리 סִכּוּם

오늘은 '듣다'라는 의미의 히브리어 동사 ' לִשְׁמוֹעַ [리쉬모아]'와, '질문하다'라는 뜻의 동사 ' לִשְׁאוֹל [리쉬울]'로 말하기를 연습해 보았습니다. 다음 시간에는 '좋아하다', '사랑하다' 동사를 학습하겠습니다.

연습 문제

1 다음 우리말 단어를 알맞은 히브리어 단어와 연결해 보세요.

① 음악	• •	שׁוֹמֵעַ
② 듣다 (남/단)	• •	שׁוֹמַעַת
③ 듣다 (여/단)	• •	שׁוֹמְעִים
④ 듣다 (남/복)	• •	שׁוֹאֵל
⑤ 질문	• •	שׁוֹאֶלֶת
⑥ 질문하다 (남/단)	• •	שׁוֹאֲלוֹת
⑦ 질문하다 (여/단)	• •	מוּזִיקָה
⑧ 질문하다 (여/복)	• •	שְׁאֵלָה

2 오늘 학습한 히브리어 표현의 뜻을 우리말로 해석해 보세요.

① ________	אֲנִי שׁוֹמֵעַ מוּזִיקָה.
② ________	אֲנִי שׁוֹמַעַת מוּזִיקָה.
③ ________	אֲנִי שׁוֹאֵל אֶת זֶה.
④ ________	אֲנִי שׁוֹאֶלֶת אֶת זֶה.
⑤ ________	יֵשׁ שְׁאֵלָה.
⑥ ________	אֵין שְׁאֵלָה.

정답 **תְּשׁוּבָה**

1 ① מוּזִיקָה ② שׁוֹמֵעַ ③ שׁוֹמַעַת ④ שׁוֹמְעִים ⑤ שְׁאֵלָה ⑥ שׁוֹאֵל ⑦ שׁוֹאֶלֶת ⑧ שׁוֹאֲלוֹת

2 ① 나는 음악을 듣는다. (남) ② 나는 음악을 듣는다. (여) ③ 나는 이것을 질문한다. (남) ④ 나는 이것을 질문한다. (여) ⑤ 질문 있어요. ⑥ 질문 없어요.

오늘의 학습 정리

1 오늘의 단어

לִשְׁמוֹעַ 듣다 (원형) [리쉬모아]			
듣다 (남/단)	שׁוֹמֵעַ [쇼메아]	듣다 (남/복)	שׁוֹמְעִים [쇼므임]
듣다 (여/단)	שׁוֹמַעַת [쇼마아트]	듣다 (여/복)	שׁוֹמְעוֹת [쇼므오트]

לִשְׁאוֹל 질문하다 (원형) [리쉬올]			
질문하다 (남/단)	שׁוֹאֵל [쇼엘]	질문하다 (남/복)	שׁוֹאֲלִים [쇼알림]
질문하다 (여/단)	שׁוֹאֶלֶת [쇼엘레트]	질문하다 (여/복)	שׁוֹאֲלוֹת [쇼알로트]

2 오늘의 표현

나는 음악을 듣는다. (남)	אֲנִי שׁוֹמֵעַ מוּזִיקָה.
나는 음악을 듣는다. (여)	אֲנִי שׁוֹמַעַת מוּזִיקָה.
그는 이것을 질문한다.	הוּא שׁוֹאֵל אֶת זֶה.
그녀는 이것을 질문한다.	הִיא שׁוֹאֶלֶת אֶת זֶה.
저(에게) 질문 있어요.	יֵשׁ לִי שְׁאֵלָה.
저(에게) 질문 없어요.	אֵין לִי שְׁאֵלָה.

쉬어가기

안식일에는 샤바트 샬롬!

이스라엘의 안식일 문화

이스라엘에는 '안식일' 문화가 있습니다. 안식일이란 금요일 저녁 일몰을 기점으로 다음날인 토요일 저녁 일몰까지의 기간을 가리킵니다. 보통 이스라엘 사람들은 안식일에 가족과 함께 시간을 보내면서 한 주의 휴식을 취합니다. 따라서 이스라엘의 일주일은 일요일에 시작됩니다.

안식일은 히브리어로 ' שַׁבָּת [샤바트]'라고 합니다. 이스라엘 사람들은 안식일을 앞두고 서로 ' שַׁבַּת שָׁלוֹם [샤바트 샬롬]'이라고 인사를 나눕니다. 유대교의 전통에 따라 대부분의 이스라엘 사람들은 안식일에 휴식을 취합니다. 공공 기관들도 일요일부터 목요일까지 또는 금요일 오전까지만 운영됩니다.

안식일을 지키는 사람들의 모습

안식일 문화는 이스라엘 사람들의 삶 곳곳에 녹아 있습니다. 예를 들어, 이스라엘에 있는 많은 호텔은 안식일 기간에는 모든 층에 엘리베이터가 자동으로 멈추게 합니다. 유대교 법에 의하면 안식일에는 엘리베이터 버튼을 누르는 것이 금지되어 있기 때문입니다. 또한 유대교의 특정 종파는 안식일 기간에 전자기기 사용을 제한하기도 합니다. 그래서 이스라엘에 있는 대부분의 집에는 시간을 설정해서 전등을 자동으로 켜고 끌 수 있는 장치가 설치되어 있습니다. 가스레인지를 이용해 조리하는 것도 금지하고 있어서, 유대교 전통을 따르는 사람들은 주말에 먹을 음식을 안식일이 시작되기 전에 미리 준비해 두기도 합니다.

PART 08

고대 도시 아크레

Old City of Acre

파알 동사 학습하기

'사랑하다', '보다' 표현하기

UNIT 23	나는 당신을 사랑해요.	אֲנִי אוֹהֵב אוֹתָךְ.
UNIT 24	우리는 피타를 후무스와 함께 먹는다.	אֲנַחְנוּ אוֹכְלִים פִּתָּה עִם חוּמוּס.
UNIT 25	그녀는 산을 본다.	הִיא רוֹאָה הַר.
UNIT 26	그는 예루살렘에 거주한다.	הוּא גָּר בִּירוּשָׁלַיִם.

UNIT 23

나는 당신을 사랑해요.
.אֲנִי אוֹהֵב אוֹתָךְ

학습 목표

1 이번 시간에는 '좋아하다, 사랑하다'라는 의미의 동사를 배우고 문장에 활용해 보겠습니다.

1 '좋아하다, 사랑하다' 동사 학습

לֶאֱהוֹב

좋아하다, 사랑하다 (원형) [레에호브]

이 동사는 '좋아하다', '사랑하다'라는 의미를 가지고 있습니다. 표현하고자 하는 대상에 맞게 해석하면 됩니다.

לֶאֱהוֹב

좋아하다, 사랑하다 (원형) [ב + ה + א]

사랑  **אַהֲבָה** [아하바]

לֶאֱהוֹב	אַהֲבָה
[ב + ה + א]	[ב + ה + א]
좋아하다, 사랑하다	사랑

◦ '사랑하다'라는 뜻의 동사 ' **לֶאֱהוֹב** [레에호브]'와 '사랑'이라는 뜻의 명사 ' **אַהֲבָה** [아하바]'는 같은 어근을 가지고 있습니다.

아이스크림	→	גְּלִידָה [글리다]

좋아하다, 사랑하다 (남/단)	→	אוֹהֵב [오헤브]
나는 아이스크림을 좋아한다. (남)		אֲנִי אוֹהֵב גְּלִידָה.
당신은 아이스크림을 좋아한다. (남)		אַתָּה אוֹהֵב גְּלִידָה.
그는 아이스크림을 좋아한다.		הוּא אוֹהֵב גְּלִידָה.

좋아하다, 사랑하다 (여/단)	→	אוֹהֶבֶת [오헤베트]
나는 아이스크림을 좋아한다. (여)		אֲנִי אוֹהֶבֶת גְּלִידָה.
당신은 아이스크림을 좋아한다. (여)		אַתְּ אוֹהֶבֶת גְּלִידָה.
그녀는 아이스크림을 좋아한다.		הִיא אוֹהֶבֶת גְּלִידָה.

좋아하다, 사랑하다 (남/복)	→	אוֹהֲבִים [오하빔]
우리는 아이스크림을 좋아한다. (남/복)		אֲנַחְנוּ אוֹהֲבִים גְּלִידָה.
당신들은 아이스크림을 좋아한다. (남/복)		אַתֶּם אוֹהֲבִים גְּלִידָה.
그들은 아이스크림을 좋아한다. (남/복)		הֵם אוֹהֲבִים גְּלִידָה.

좋아하다, 사랑하다 (여/복) →	אוֹהֲבוֹת [오하보트]
우리는 아이스크림을 좋아한다. (여/복)	אֲנַחְנוּ אוֹהֲבוֹת גְּלִידָה.
당신들은 아이스크림을 좋아한다. (여/복)	אַתֶּן אוֹהֲבוֹת גְּלִידָה.
그녀들은 아이스크림을 좋아한다.	הֵן אוֹהֲבוֹת גְּלִידָה.

쏙! 기억하기

그는 그 아이스크림을 좋아한다.	הוּא אוֹהֵב אֶת הַגְּלִידָה.
그녀는 그 아이스크림을 좋아한다.	הִיא אוֹהֶבֶת אֶת הַגְּלִידָה.
그들은 그 아이스크림을 좋아한다. (남/복)	הֵם אוֹהֲבִים אֶת הַגְּלִידָה.
그녀들은 그 아이스크림을 좋아한다.	הֵן אוֹהֲבוֹת אֶת הַגְּלִידָה.
다윗은 룻을 사랑한다.	דָּוִד אוֹהֵב אֶת רוּת.
룻은 다윗을 사랑한다.	רוּת אוֹהֶבֶת אֶת דָּוִד.

◦ 사람의 이름이나 특정한 장소와 같은 고유명사 앞에는 정관사 ' ה [하]'가 붙지 않습니다.

2 전치사 אֶת 응용

3인칭 여성	3인칭 남성	2인칭 여성	2인칭 남성	1인칭 남, 여	אֶת (~을/를)
אוֹתָהּ [오타] 그녀를	אוֹתוֹ [오토] 그를	אוֹתָךְ [오타크] 당신을	אוֹתְךָ [오트카] 당신을	אוֹתִי [오티] 나를	단수
אוֹתָן [오탄] 그녀들을	אוֹתָם [오탐] 그들을	אֶתְכֶן [에트켄] 당신들을	אֶתְכֶם [에트켐] 당신들을	אוֹתָנוּ [오타누] 우리를	복수

◦ 전치사 אֶת 의 1인칭 단수는 성별 구분 없이 형태가 동일합니다.

나를 (1인칭 단수)	→	אוֹתִי [오티]
다윗은 나를 사랑한다.		דָּוִד אוֹהֵב אוֹתִי.
룻은 나를 사랑한다.		רוּת אוֹהֶבֶת אוֹתִי.

◦ 전치사 אֶת 의 2인칭 남성 단수

당신을 (2인칭 남성 단수)	→	אוֹתְךָ [오트카]
나는 당신을 사랑한다. (남성에게)		אֲנִי אוֹהֶבֶת אוֹתְךָ.

◦ 전치사 אֶת 의 2인칭 여성 단수

당신을 (2인칭 여성 단수)	→	אוֹתָךְ [오타크]
나는 당신을 사랑한다. (여성에게)		אֲנִי אוֹהֵב אוֹתָךְ.

◦ 전치사 אֶת 의 3인칭 남성 단수

그를 (3인칭 남성 단수)	→	אוֹתוֹ [오토]
룻은 그를 사랑한다.		רוּת אוֹהֶבֶת אוֹתוֹ.

◦ 전치사 אֶת 의 3인칭 여성 단수

그녀를 (3인칭 여성 단수)	→	אוֹתָהּ [오타]
다윗은 그녀를 사랑한다.		דָּוִד אוֹהֵב אוֹתָהּ.

◦ 전치사 אֶת 의 1인칭 복수는 성별 구분 없이 형태가 동일합니다.

우리를 (1인칭 복수)	→	אוֹתָנוּ [오타누]
다윗은 우리를 사랑한다.		דָּוִד אוֹהֵב אוֹתָנוּ.
룻은 우리를 사랑한다.		רוּת אוֹהֶבֶת אוֹתָנוּ.

◦ 전치사 אֶת 의 2인칭 남성 복수

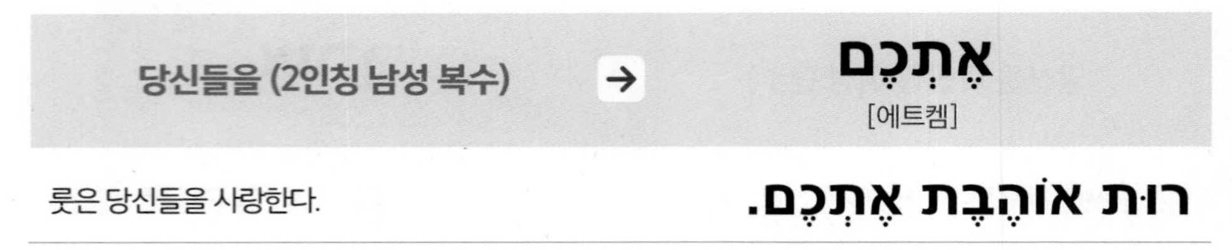

당신들을 (2인칭 남성 복수)	→	אֶתְכֶם [에트켐]
룻은 당신들을 사랑한다.		רוּת אוֹהֶבֶת אֶתְכֶם.

◦ 전치사 אֶת 의 2인칭 여성 복수

당신들을 (2인칭 여성 복수)	→	אֶתְכֶן [에트켄]
다윗은 당신들을 사랑한다.		דָּוִד אוֹהֵב אֶתְכֶן.

◦ 전치사 אֶת 의 3인칭 남성 복수

그들을 (3인칭 남성 복수)	→	אוֹתָם [오탐]
룻은 그들을 사랑한다.		רוּת אוֹהֶבֶת אוֹתָם.

◦ 전치사 אֶת 의 3인칭 여성 복수

그녀들을 (3인칭 여성 복수)	→	אוֹתָן [오탄]
다윗은 그녀들을 사랑한다.		דָּוִד אוֹהֵב אוֹתָן.

정리 סִכּוּם

오늘은 '좋아하다' 혹은 '사랑하다'라는 뜻을 가지고 있는 동사 ' לֶאֱהוֹב [레에호브]'를 함께 배우고, '나는 당신을 사랑해요.'와 같은 표현을 히브리어로 말해 보았습니다. 다음 시간에는 '먹다'라는 뜻의 동사를 학습하고, '피타를 먹는다.', '팔라펠을 먹는다.'와 같이 문장으로 활용해서 말해 보겠습니다.

연습 문제

1 다음 히브리어 단어의 뜻을 우리말로 적어 보세요.

① ______	אוֹהֵב
② ______	אוֹהֶבֶת
③ ______	אוֹהֲבִים
④ ______	אוֹהֲבוֹת
⑤ ______	אֶת
⑥ ______	אוֹתִי
⑦ ______	אוֹתוֹ
⑧ ______	אוֹתָהּ

2 오늘 배운 표현들을 떠올리며 히브리어로 작문해 보세요.

① 나는 아이스크림을 좋아한다. (남) ______

② 나는 아이스크림을 좋아한다. (여) ______

③ 나는 당신을 사랑해요. (여성에게) ______

④ 나는 당신을 사랑해요. (남성에게) ______

⑤ 다윗은 나를 사랑한다. ______

⑥ 룻은 나를 사랑한다. ______

정답 **תְּשׁוּבָה**

1 ① 좋아하다, 사랑하다 (남/단) ② 좋아하다, 사랑하다 (여/단) ③ 좋아하다, 사랑하다 (남/복) ④ 좋아하다, 사랑하다 (여/복) ⑤ 특정한 ~을/를 (전치사) ⑥ 나를 ⑦ 그를 ⑧ 그녀를

2 ① אֲנִי אוֹהֵב גְּלִידָה. ② אֲנִי אוֹהֶבֶת גְּלִידָה. ③ אֲנִי אוֹהֵב אוֹתָךְ. ④ אֲנִי אוֹהֶבֶת אוֹתְךָ. ⑤ דָּוִד אוֹהֵב אוֹתִי. ⑥ רוּת אוֹהֶבֶת אוֹתִי.

오늘의 학습 정리

1 오늘의 단어

לֶאֱהוֹב 좋아하다, 사랑하다 (원형) [레에호브]	
좋아하다, 사랑하다 (남/단)	**אוֹהֵב** [오헤브]
좋아하다, 사랑하다 (여/단)	**אוֹהֶבֶת** [오헤베트]
좋아하다, 사랑하다 (남/복)	**אוֹהֲבִים** [오하빔]
좋아하다, 사랑하다 (여/복)	**אוֹהֲבוֹת** [오하보트]

3인칭 여성	3인칭 남성	2인칭 여성	2인칭 남성	1인칭 남, 여	אֶת (~을/를)
אוֹתָהּ [오타] 그녀를	**אוֹתוֹ** [오토] 그를	**אוֹתָךְ** [오타크] 당신을	**אוֹתְךָ** [오트카] 당신을	**אוֹתִי** [오티] 나를	단수
אוֹתָן [오탄] 그녀들을	**אוֹתָם** [오탐] 그들을	**אֶתְכֶן** [에트켄] 당신들을	**אֶתְכֶם** [에트켐] 당신들을	**אוֹתָנוּ** [오타누] 우리를	복수

2 오늘의 표현

나는 아이스크림을 좋아한다. (남)	**אֲנִי אוֹהֵב גְּלִידָה.**
나는 아이스크림을 좋아한다. (여)	**אֲנִי אוֹהֶבֶת גְּלִידָה.**
나는 당신을 사랑한다. (여성에게)	**אֲנִי אוֹהֵב אוֹתָךְ.**
나는 당신을 사랑한다. (남성에게)	**אֲנִי אוֹהֶבֶת אוֹתְךָ.**

UNIT 24

우리는 피타를 후무스와 함께 먹는다.
אֲנַחְנוּ אוֹכְלִים פִּתָּה עִם חוּמוּס.

1 이번 시간에는 '먹다'라는 의미의 동사를 배우고 문장에 활용해 보겠습니다.

1 '먹다' 동사 학습

לֶאֱכוֹל

먹다 (원형) [레에콜]

לֶאֱכוֹל

먹다 (원형) [א + כ + ל]

먹다 (남/단)	→	**אוֹכֵל** [오켈]
나는 샐러드를 먹는다. (남)		**אֲנִי אוֹכֵל סָלָט.**
그는 샐러드를 먹는다.		**הוּא אוֹכֵל סָלָט.**

먹다 (여/단)	→	אוֹכֶלֶת [오켈레트]
나는 샐러드를 먹는다. (여)		אֲנִי אוֹכֶלֶת סָלָט.
그녀는 샐러드를 먹는다.		הִיא אוֹכֶלֶת סָלָט.

먹다 (남/복)	→	אוֹכְלִים [오클림]
우리는 샐러드를 먹는다. (남/복)		אֲנַחְנוּ אוֹכְלִים סָלָט.
그들은 샐러드를 먹는다. (남/복)		הֵם אוֹכְלִים סָלָט.

먹다 (여/복)	→	אוֹכְלוֹת [오클로트]
우리는 샐러드를 먹는다. (여/복)		אֲנַחְנוּ אוֹכְלוֹת סָלָט.
그녀들은 샐러드를 먹는다.		הֵן אוֹכְלוֹת סָלָט.

나는 망고를 먹는다. (남)	→	אֲנִי אוֹכֵל מַנְגּוֹ.
나는 망고를 먹는다. (여)	→	אֲנִי אוֹכֶלֶת מַנְגּוֹ.
당신은 딸기를 먹는다. (남)	→	אַתָּה אוֹכֵל תּוּת.
당신은 딸기를 먹는다. (여)	→	אַתְּ אוֹכֶלֶת תּוּת.
그는 오렌지를 먹는다.	→	הוּא אוֹכֵל תַּפּוּז.
그녀는 오렌지를 먹는다.	→	הִיא אוֹכֶלֶת תַּפּוּז.

쏙! 기억하기

우리는 대추야자를 먹는다. (남/복)	אֲנַחְנוּ אוֹכְלִים תָּמָר.
우리는 대추야자를 먹는다. (여/복)	אֲנַחְנוּ אוֹכְלוֹת תָּמָר.
당신들은 배를 먹는다. (남/복)	אַתֶּם אוֹכְלִים אַגָּס.
당신들은 배를 먹는다. (여/복)	אַתֶּן אוֹכְלוֹת אַגָּס.

석류	→	רִמּוֹן [리몬]

팁 !רֶגַע 이스라엘에서 석류는 새해를 상징하는 과일입니다. 석류 이외에도 꿀, 꿀 바른 사과 등이 새해를 상징합니다. 히브리어로는 새해를 ' רֹאשׁ הַשָּׁנָה [로쉬 하샤나]'라고 합니다.

그들은 석류를 먹는다. (남/복)	→	הֵם אוֹכְלִים רִמּוֹן.
그녀들은 석류를 먹는다.	→	הֵן אוֹכְלוֹת רִמּוֹן.

쏙! 기억하기

나는 피타를 먹는다. (남)	אֲנִי אוֹכֵל פִּתָּה.
나는 피타를 먹는다. (여)	אֲנִי אוֹכֶלֶת פִּתָּה.
우리는 팔라펠을 먹는다. (남/복)	אֲנַחְנוּ אוֹכְלִים פָלָאפֶל.
우리는 팔라펠을 먹는다. (여/복)	אֲנַחְנוּ אוֹכְלוֹת פָלָאפֶל.

2 전치사 עִם

עִם

~와/과 함께 [임]

후무스	→	חוּמוּס [후무쓰]

◦ 'חוּמוּס [후무쓰]'는 병아리콩으로 만든 소스입니다. 이스라엘 사람들이 즐겨 먹는 소스 중 하나인데요, 보통 'פִּתָּה [피타]'와 같은 빵에 곁들여 먹습니다.

◦ 후무스 특유의 걸쭉하고 담백한 맛이 특징이며, 후무스에 들어간 올리브유와 레몬이 풍미를 더합니다.

타히니 (참깨 소스)	→	טְחִינָה [트히나]

◦ 참깨로 만든 소스 타히니는 히브리어로 'טְחִינָה [트히나]'라고 합니다. 이스라엘 사람들은 팔라펠과 같은 음식에 이 소스를 곁들여 먹습니다. 타히니는 참깨로 만들었기 때문에 고소한 풍미를 갖고 있습니다. 그래서 빵과 고기와도 잘 어울립니다.

◦ 전치사 עִם 은 그 대상이 되는 단어 앞에 띄어서 사용됩니다.

나는 피타를 후무스와 함께 먹는다. (남)

← אֲנִי אוֹכֵל פִּתָּה עִם חוּמוּס.

나는 피타를 후무스와 함께 먹는다. (여)

← אֲנִי אוֹכֶלֶת פִּתָּה עִם חוּמוּס.

우리는 피타를 후무스와 함께 먹는다. (남/복)

← אֲנַחְנוּ אוֹכְלִים פִּתָּה עִם חוּמוּס.

우리는 피타를 후무스와 함께 먹는다. (여/복)

← אֲנַחְנוּ אוֹכְלוֹת פִּתָּה עִם חוּמוּס.

나는 팔라펠을 타히니와 함께 먹는다. (남)

אֲנִי אוֹכֵל פָּלָאפֶל עִם טְחִינָה.

나는 팔라펠을 타히니와 함께 먹는다. (여)

אֲנִי אוֹכֶלֶת פָּלָאפֶל עִם טְחִינָה.

우리는 팔라펠을 타히니와 함께 먹는다. (남/복)

אֲנַחְנוּ אוֹכְלִים פָּלָאפֶל עִם טְחִינָה.

우리는 팔라펠을 타히니와 함께 먹는다. (여/복)

אֲנַחְנוּ אוֹכְלוֹת פָּלָאפֶל עִם טְחִינָה.

오늘은 '먹다'라는 의미를 가진 동사 ' **לֶאֱכוֹל** [레에콜]'을 학습하고, 이스라엘 사람들이 즐겨 먹는 ' **פִּתָּה** [피타]', ' **פָּלָאפֶל** [팔라펠]'과 같은 음식명 어휘와 응용해서 다양한 말하기를 해 보았습니다. 다음 시간에는 무엇을 '하다', 무언가를 '보다'라는 뜻의 히브리어 동사들을 함께 학습해 보겠습니다.

연습 문제

1 다음 우리말 단어를 알맞은 히브리어 단어로 적어 보세요.

① 먹다 (남/단) ________________

② 먹다 (여/단) ________________

③ 먹다 (남/복) ________________

④ 먹다 (여/복) ________________

⑤ 석류 ________________

⑥ 후무스 ________________

⑦ 타히니 (참깨 소스) ________________

⑧ ~와/과 함께 (전치사) ________________

2 오늘 학습한 히브리어 표현의 뜻을 우리말로 해석해 보세요.

① ________________	הוּא אוֹכֵל תַּפּוּז.
② ________________	הִיא אוֹכֶלֶת תַּפּוּז.
③ ________________	הֵם אוֹכְלִים רִמּוֹן.
④ ________________	הֵן אוֹכְלוֹת רִמּוֹן.
⑤ ________________	אֲנַחְנוּ אוֹכְלִים פָּלָאפֶל.
⑥ ________________	אֲנַחְנוּ אוֹכְלוֹת פָּלָאפֶל.

정답 **תְּשׁוּבָה**

1 ① אוֹכֵל ② אוֹכֶלֶת ③ אוֹכְלִים ④ אוֹכְלוֹת ⑤ רִמּוֹן ⑥ חוּמוּס ⑦ טְחִינָה ⑧ עִם

2 ① 그는 오렌지를 먹는다. ② 그녀는 오렌지를 먹는다. ③ 그들은 석류를 먹는다. (남/복) ④ 그녀들은 석류를 먹는다. ⑤ 우리는 팔라펠을 먹는다. (남/복) ⑥ 우리는 팔라펠을 먹는다. (여/복)

오늘의 학습 정리

1 오늘의 단어

לֶאֱכוֹל
먹다 (원형) [레에콜]

먹다 (남/단)	**אוֹכֵל** [오켈]
먹다 (여/단)	**אוֹכֶלֶת** [오켈레트]
먹다 (남/복)	**אוֹכְלִים** [오클림]
먹다 (여/복)	**אוֹכְלוֹת** [오클로트]

석류	→	**רִמּוֹן**
후무스	→	**חוּמוּס**
타히니 (참깨 소스)	→	**טְחִינָה**
~와/과 함께 (전치사)	→	**עִם**

2 오늘의 표현

나는 샐러드를 먹는다. (남)	**אֲנִי אוֹכֵל סָלָט.**
나는 망고를 먹는다. (여)	**אֲנִי אוֹכֶלֶת מַנְגוֹ.**
나는 피타를 후무스와 함께 먹는다. (남)	**אֲנִי אוֹכֵל פִּתָּה עִם חוּמוּס.**
나는 팔라펠을 타히니와 함께 먹는다. (여)	**אֲנִי אוֹכֶלֶת פָלָאפֶל עִם טְחִינָה.**

UNIT 25

그녀는 산을 본다.
הִיא רוֹאָה הַר.

1 이번 시간에는 무언가를 '하다', 무언가를 '보다'를 뜻하는 동사를 각각 배우고, 문장으로 활용해서 말해 보겠습니다.

1 '하다' 동사 학습

능동형	재귀형	수동형
פָּעַל [파알]		נִפְעַל [니프알]
פִּעֵל [피엘]	הִתְפַּעֵל [히트파엘]	פֻּעַל [푸알]
הִפְעִיל [히프일]		הֻפְעַל [후프알]

לַעֲשׂוֹת
하다 (원형) [라아쏘트]

לַעֲשׂוֹת
하다 (원형) [י + שׂ + ע]

일, 업무, 노동; (학생의) 과제물	→	עֲבוֹדָה [아보다]

팁 !רֶגַע 히브리어 단어 ' עֲבוֹדָה [아보다]'는 기본적으로 '일' 혹은 '업무'라는 뜻을 갖고 있습니다. 또한 학교에서는 '학생에게 주어지는 과제'라는 의미로도 사용됩니다.

하다 (남/단)	→	עוֹשֶׂה [오쎄]
나는 일을 한다. (남)		אֲנִי עוֹשֶׂה עֲבוֹדָה.
당신은 일을 한다. (남)		אַתָּה עוֹשֶׂה עֲבוֹדָה.
그는 일을 한다.		הוּא עוֹשֶׂה עֲבוֹדָה.

하다 (여/단)	→	עוֹשָׂה [오싸]
나는 일을 한다. (여)		אֲנִי עוֹשָׂה עֲבוֹדָה.
당신은 일을 한다. (여)		אַתְּ עוֹשָׂה עֲבוֹדָה.
그녀는 일을 한다.		הִיא עוֹשָׂה עֲבוֹדָה.

하다 (남/복)	→	עוֹשִׂים [오씸]
우리는 일을 한다. (남/복)		אֲנַחְנוּ עוֹשִׂים עֲבוֹדָה.
당신들은 일을 한다. (남/복)		אַתֶּם עוֹשִׂים עֲבוֹדָה.
그들은 일을 한다. (남/복)		הֵם עוֹשִׂים עֲבוֹדָה.

하다 (여/복)	→	עוֹשׂוֹת [오쏘트]

우리는 일을 한다. (여/복)	אֲנַחְנוּ עוֹשׂוֹת עֲבוֹדָה.
당신들은 일을 한다. (여/복)	אַתֶּן עוֹשׂוֹת עֲבוֹדָה.
그녀들은 일을 한다.	הֵן עוֹשׂוֹת עֲבוֹדָה.

2 '보다' 동사 학습

לִרְאוֹת
보다 (원형) [리르오트]

לִרְאוֹת
보다 (원형) [ר + א + י]

산	→	הַר [하르]

보다 (남/단)	→	רוֹאֶה [로에]

나는 산을 본다. (남)	אֲנִי רוֹאֶה הַר.
그는 산을 본다.	הוּא רוֹאֶה הַר.

보다 (여/단)	→	רוֹאָה [로아]
나는 산을 본다. (여)		אֲנִי רוֹאָה הַר.
그녀는 산을 본다.		הִיא רוֹאָה הַר.

보다 (남/복)	→	רוֹאִים [로임]
우리는 산을 본다. (남/복)		אֲנַחְנוּ רוֹאִים הַר.
그들은 산을 본다. (남/복)		הֵם רוֹאִים הַר.

보다 (여/복)	→	רוֹאוֹת [로오트]
우리는 산을 본다. (여/복)		אֲנַחְנוּ רוֹאוֹת הַר.
그녀들은 산을 본다.		הֵן רוֹאוֹת הַר.

정리 סִכּוּם

오늘은 무언가를 '하다'라는 의미의 동사 ' **לַעֲשׂוֹת** [라아쏘트]'와, 무언가를 '보다'라는 뜻의 동사 ' **לִרְאוֹת** [리르오트]'를 함께 배워 보았습니다. 다음 시간에는 '오다', '거주하다' 동사를 히브리어로 학습하겠습니다.

연습 문제

1 다음 우리말 단어를 알맞은 히브리어 단어와 연결해 보세요.

① 일, 업무 •	• עוֹשֶׂה
② 하다 (남/단) •	• עוֹשָׂה
③ 하다 (여/단) •	• עֲבוֹדָה
④ 산 •	• רוֹאֶה
⑤ 보다 (남/단) •	• רוֹאָה
⑥ 보다 (여/단) •	• הַר

2 오늘 학습한 히브리어 표현의 뜻을 우리말로 해석해 보세요.

① ____________ אֲנִי עוֹשֶׂה עֲבוֹדָה.

② ____________ אֲנִי עוֹשָׂה עֲבוֹדָה.

③ ____________ אֲנִי רוֹאֶה הַר.

④ ____________ אֲנִי רוֹאָה הַר.

정답 **תְּשׁוּבָה**

1 ① עֲבוֹדָה ② עוֹשֶׂה ③ עוֹשָׂה ④ הַר ⑤ רוֹאֶה ⑥ רוֹאָה

2 ① 나는 일을 한다. (남) ② 나는 일을 한다. (여) ③ 나는 산을 본다. (남) ④ 나는 산을 본다. (여)

오늘의 학습 정리

1 오늘의 단어

לַעֲשׂוֹת
하다 (원형) [라아쏘트]

하다 (남/단)	**עוֹשֶׂה** [오쎄]	하다 (남/복)	**עוֹשִׂים** [오씸]
하다 (여/단)	**עוֹשָׂה** [오싸]	하다 (여/복)	**עוֹשׂוֹת** [오쏘트]

לִרְאוֹת
보다 (원형) [리르오트]

보다 (남/단)	**רוֹאֶה** [로에]	보다 (남/복)	**רוֹאִים** [로임]
보다 (여/단)	**רוֹאָה** [로아]	보다 (여/복)	**רוֹאוֹת** [로오트]

일, 업무, 노동	→	**עֲבוֹדָה**
산	→	**הַר**

2 오늘의 표현

나는 일을 한다. (남)	אֲנִי עוֹשֶׂה עֲבוֹדָה.
나는 일을 한다. (여)	אֲנִי עוֹשָׂה עֲבוֹדָה.
나는 산을 본다. (남)	אֲנִי רוֹאֶה הַר.
나는 산을 본다. (여)	אֲנִי רוֹאָה הַר.

UNIT 26

그는 예루살렘에 거주한다.
הוּא גָּר בִּירוּשָׁלַיִם.

1 이번 시간에는 '오다', '거주하다'라는 의미의 동사를 각각 배우고 문장에 활용해 보겠습니다.

1 '오다' 동사 학습

능동형	재귀형	수동형
פָּעַל [파알]		נִפְעַל [니프알]
פִּעֵל [피엘]	הִתְפַּעֵל [히트파엘]	פֻּעַל [푸알]
הִפְעִיל [히프일]		הֻפְעַל [후프알]

לָבוֹא

오다 (원형) [라보]

לָבוֹא

오다 (원형) [א + ו + ב]

오다 (남/단)	→	בָּא [바]

- '오다'라는 의미의 동사 ' לָבוֹא [라보]'의 남성 단수 현재 형태입니다. 일반적인 칼 동사의 현재형과는 다르게 [ㅗ] 소리에 해당되는 모음 기호 없이 현재형이 사용되는 것을 볼 수 있습니다.
- 남성 단수 현재형 ' בָּא [바]'는 첫번째 그리고 세 번째 어근으로 구성되어 있습니다. 이 동사의 특징이기 때문에 암기할 필요가 있습니다.
- 남/여, 단수/복수로 구분되는 현재형의 네 가지 형태 변화는 남성 단수 형태 ' בָּא [바]'를 기준으로 기억하면 됩니다.

~에게, ~로 (방향)	→	לְ [레]

- 전치사 לְ 는 명사 앞에 붙여서 사용됩니다.

도서관	→	סִפְרִיָּה [씨프리야]

오다 (남/단)	→	בָּא [바]

나는 도서관으로 온다. (남)	אֲנִי בָּא לְסִפְרִיָּה.
그는 도서관으로 온다.	הוּא בָּא לְסִפְרִיָּה.

오다 (여/단)	→	בָּאָה [바아]

나는 도서관으로 온다. (여)	אֲנִי בָּאָה לְסִפְרִיָּה.
그녀는 도서관으로 온다.	הִיא בָּאָה לְסִפְרִיָּה.

오다 (남/복)	→	בָּאִים [바임]
우리는 도서관으로 온다. (남/복)		אֲנַחְנוּ בָּאִים לְסִפְרִיָּה.
그들은 도서관으로 온다. (남/복)		הֵם בָּאִים לְסִפְרִיָּה.

오다 (여/복)	→	בָּאוֹת [바오트]
우리는 도서관으로 온다. (여/복)		אֲנַחְנוּ בָּאוֹת לְסִפְרִיָּה.
그녀들은 도서관으로 온다.		הֵן בָּאוֹת לְסִפְרִיָּה.

쏙! 기억하기

나는 도서관으로 온다. (남)	אֲנִי בָּא לְסִפְרִיָּה.
나는 도서관으로 온다. (여)	אֲנִי בָּאָה לְסִפְרִיָּה.
우리는 도서관으로 온다. (남/복)	אֲנַחְנוּ בָּאִים לְסִפְרִיָּה.
우리는 도서관으로 온다. (여/복)	אֲנַחְנוּ בָּאוֹת לְסִפְרִיָּה.

2 '거주하다' 동사 학습

능동형	재귀형	수동형
פָּעַל [파알]		נִפְעַל [니프알]
פִּעֵל [피엘]	הִתְפַּעֵל [히트파엘]	פֻּעַל [푸알]
הִפְעִיל [히프일]		הֻפְעַל [후프알]

לָגוּר
거주하다, 살다 (원형) [라구르]

לָגוּר
거주하다, 살다 (원형) [ר + ו + ג]

거주하다, 살다 (남/단) גָּר [가르]

◦ '거주하다'라는 의미의 동사 ' לָגוּר [라구르]'의 현재 시제 형태 변화도 ' לָבוֹא [라보]'의 경우와 동일하게 첫 번째 그리고 세 번째 어근을 중심으로 구성됩니다.

~에 (위치, 장소) בְּ [베]

◦ 전치사 בְּ 는 명사 앞에 붙여서 사용됩니다.

예루살렘	→	יְרוּשָׁלַיִם [예루샬라임]

거주하다, 살다 (남/단)	→	גָּר [가르]
나는 예루살렘에 거주한다. (남)		אֲנִי גָּר בִּירוּשָׁלַיִם.
그는 예루살렘에 거주한다.		הוּא גָּר בִּירוּשָׁלַיִם.

거주하다, 살다 (여/단)	→	גָּרָה [가라]
나는 예루살렘에 거주한다. (여)		אֲנִי גָּרָה בִּירוּשָׁלַיִם.
그녀는 예루살렘에 거주한다.		הִיא גָּרָה בִּירוּשָׁלַיִם.

텔아비브	→	תֵּל אָבִיב [텔 아비브]
언덕	→	תֵּל [텔]
봄 (계절)	→	אָבִיב [아비브]

◦ 텔아비브라는 도시의 이름은 히브리어로 '봄의 언덕'이라는 뜻을 갖고 있습니다.

거주하다, 살다 (남/복)	→	גָּרִים [가림]
우리는 텔아비브에 거주한다. (남/복)		אֲנַחְנוּ גָּרִים בְּתֵל אָבִיב.
그들은 텔아비브에 거주한다. (남/복)		הֵם גָּרִים בְּתֵל אָבִיב.

거주하다, 살다 (여/복)	→	גָּרוֹת [가로트]
우리는 텔아비브에 거주한다. (여/복)		אֲנַחְנוּ גָּרוֹת בְּתֵל אָבִיב.
그녀들은 텔아비브에 거주한다.		הֵן גָּרוֹת בְּתֵל אָבִיב.

쏙! 기억하기

나는 예루살렘에 거주한다. (남)	אֲנִי גָּר בִּירוּשָׁלַיִם.
나는 예루살렘에 거주한다. (여)	אֲנִי גָּרָה בִּירוּשָׁלַיִם.
우리는 텔아비브에 거주한다. (남/복)	אֲנַחְנוּ גָּרִים בְּתֵל אָבִיב.
우리는 텔아비브에 거주한다. (여/복)	אֲנַחְנוּ גָּרוֹת בְּתֵל אָבִיב.

오늘은 '오다'라는 의미의 동사 ' לָבוֹא [라보]'와, '거주하다'라는 뜻의 동사 ' לָגוּר [라구르]'를 학습하고 ' לְ [레]', ' בְּ [베]'와 같은 전치사들을 활용해서 좀 더 구체적인 표현들까지 말해 보았습니다. 다음 시간에는 '말하다', '여행하다' 동사를 배우고 문장으로 응용해서 말해 보겠습니다.

연습 문제

1 다음 히브리어 단어의 뜻을 우리말로 적어 보세요.

① ________	בָּא
② ________	לְ
③ ________	סִפְרִיָּה
④ ________	גָּר
⑤ ________	בְּ
⑥ ________	יְרוּשָׁלַיִם
⑦ ________	תֵּל אָבִיב

2 오늘 배운 표현들을 떠올리며 히브리어로 작문해 보세요.

① 그는 도서관으로 온다. ________

② 그녀는 도서관으로 온다. ________

③ 나는 예루살렘에 거주한다. (남) ________

④ 나는 예루살렘에 거주한다. (여) ________

⑤ 그들은 텔아비브에 거주한다. (남/복) ________

⑥ 그녀들은 텔아비브에 거주한다. ________

정답 תְּשׁוּבָה

1 ① 오다 (남/단) ② ~에게, ~로 (방향) ③ 도서관 ④ 거주하다, 살다 (남/단) ⑤ ~에 (위치, 장소) ⑥ 예루살렘 ⑦ 텔아비브

2 ① הוּא בָּא לְסִפְרִיָּה. ② הִיא בָּאָה לְסִפְרִיָּה. ③ אֲנִי גָּר בִּירוּשָׁלַיִם. ④ אֲנִי גָּרָה בִּירוּשָׁלַיִם. ⑤ הֵם גָּרִים בְּתֵל אָבִיב. ⑥ הֵן גָּרוֹת בְּתֵל אָבִיב.

오늘의 학습 정리

1 오늘의 단어

			לָבוֹא 오다 (원형) [라보]
오다 (남/단)	בָּא [바]	오다 (남/복)	בָּאִים [바임]
오다 (여/단)	בָּאָה [바아]	오다 (여/복)	בָּאוֹת [바오트]

			לָגוּר 거주하다, 살다 (원형) [라구르]
거주하다, 살다 (남/단)	גָּר [가르]	거주하다, 살다 (남/복)	גָּרִים [가림]
거주하다, 살다 (여/단)	גָּרָה [가라]	거주하다, 살다 (여/복)	גָּרוֹת [가로트]

~에게, ~로 (방향)	→	לְ
도서관	→	סִפְרִיָּה

2 오늘의 표현

그는 도서관으로 온다.	הוּא בָּא לְסִפְרִיָּה.
그녀는 도서관으로 온다.	הִיא בָּאָה לְסִפְרִיָּה.
나는 예루살렘에 거주한다. (남)	אֲנִי גָּר בִּירוּשָׁלַיִם.
나는 예루살렘에 거주한다. (여)	אֲנִי גָּרָה בִּירוּשָׁלַיִם.

쉬어가기

아름다운 항구 도시 텔아비브

봄의 언덕, '텔아비브'

텔아비브는 이스라엘 서부 지중해 연안에 위치해 있는 도시로, 히브리어로는 'תֵּל אָבִיב [텔 아비브]'라고 표기합니다. 여기서 'תֵּל [텔]'은 언덕을, 'אָבִיב [아비브]'는 사계절 중 봄을 뜻합니다. 즉, 텔아비브라는 도시 이름은 '봄의 언덕'이라는 의미를 가집니다.

바다를 끼고 있는 텔아비브는 지중해성 기후에 해당합니다. 여름에는 따뜻하고 건조하며, 겨울에는 많이 춥지는 않으나 상대적으로 습도가 높은 날씨입니다. 또한 지중해 연안에 자리하는 지리적 특성으로 여름에는 해수욕을 즐길 수 있습니다.
일반적으로 이스라엘에서는 텔아비브를 욥바라는 지역과 함께 하나의 도시 권역으로 묶습니다. 욥바는 고대부터 존재했던 지중해의 항구 도시로서, 히브리어로 ‘יָפוֹ [야포]’라고 읽습니다. 텔아비브-욥바 지역의 인구수는 2020년도 자료를 기준으로 대략 46만 명에 이릅니다.

욥바 항구

텔아비브- 욥바 지역의 가장 대표적인 관광 명소들 중 하나가 바로 욥바 항구입니다. 앞서 언급한 바와 같이 욥바는 고대의 항구 도시입니다. 성서에 따르면 고대 이스라엘 왕 솔로몬의 성전 건축에 필요한 레바논의 백향목을 욥바 항구로 운반하였고 (대하 2:16), 요나 선지자는 다시스로 도망하기 위해 욥바 항구에서 배를 탔으며 (욘 1:3), 고넬료가 보낸 사람들이 시몬 베드로를 만나기 위해 방문하는 지역 또한 욥바입니다 (행 10:5-8).
텔아비브는 이스라엘 경제의 중심지로서, 많은 공공 기관과 기업이 자리하고 있습니다. 우리나라 관련 영사 업무를 진행할 수 있는 주 이스라엘 대한민국 대사관, 이스라엘 현지 기업의 정보를 얻고 시장 진출과 관련해 도움을 받을 수 있는 KOTRA 무역관 또한 텔아비브에 있습니다.

PART 09

유대 저지대의 벧구브린 동굴군

Caves of Bet-Guvrin in the Judean Lowlands as a Microcosm of the Land of the Caves

피엘 동사 학습하기

'말하다', '연주하다' 표현하기

UNIT 27

나는 히브리어를 말한다.
.אֲנִי מְדַבֵּר עִבְרִית

1 이번 시간에는 '말하다', '여행하다'라는 의미의 동사를 각각 배우고 문장으로 활용해서 말해 보겠습니다.

1 '말하다' 동사 활용

능동형	재귀형	수동형
פָּעַל [파알]		נִפְעַל [니프알]
פִּעֵל [피엘]	הִתְפַּעֵל [히트파엘]	פֻּעַל [푸알]
הִפְעִיל [히프일]		הֻפְעַל [후프알]

지금까지는 파알 동사에 해당되는 동사들을 배우고, 그 동사들의 현재형 형태 변화들과 관련해서 학습했다면, 이번 과에서는 피엘 동사의 기본적인 개념과 피엘 동사에 해당하는 동사들을 함께 배우도록 하겠습니다.

' פִּעֵל [피엘]' 동사는 강조 능동으로서 기본적으로 무언가를 힘있게 한다는 의미로 사용됩니다.

오늘 학습하게 될 '말하다', '여행하다'라는 뜻의 동사들이 ' פִּעֵל [피엘]' 동사에 해당됩니다.

לְדַבֵּר

말하다 (원형) [ר + ב + ד]

◦ 피엘 동사의 원형은 첫 글자 ‘ ל [라메드]’ 뒤에 세 어근이 순서대로 뒤따르는 형태입니다.

말하다 (남/단)	→	**מְדַבֵּר** [메다베르]

◦ ‘말하다’라는 의미의 동사 ‘ לְדַבֵּר [레다베르]’의 남성 단수 현재 형태입니다. 피엘 동사가 현재형으로 사용될 땐 원형을 기준으로 어근이 아닌 ‘ ל [라메드]’만 없어지고 그 자리에 ‘ מ [멤]’이 온다고 생각하시면 됩니다. 첫 글자 ‘ מ [멤]’ 뒤에 세 어근이 순서대로 자리하는 형태입니다.

◦ 남/여, 단수/복수로 구분되는 현재형의 네 가지 형태는 남성 단수 ‘ מְדַבֵּר [메다베르]’를 기준으로 기억하면 됩니다.

히브리어	→	**עִבְרִית** [이브리트]
나는 히브리어를 말한다. (남)		**אֲנִי מְדַבֵּר עִבְרִית.**

한국어	→	**קוֹרֵאָנִית** [코레아니트]
당신은 한국어를 말한다. (남)		**אַתָּה מְדַבֵּר קוֹרֵאָנִית.**

영어	→	**אַנְגְּלִית** [안글리트]
그는 영어를 말한다.		**הוּא מְדַבֵּר אַנְגְּלִית.**

말하다 (여/단)	→	מְדַבֶּרֶת [메다베레트]
나는 히브리어를 말한다. (여)		אֲנִי מְדַבֶּרֶת עִבְרִית.
당신은 한국어를 말한다. (여)		אַתְּ מְדַבֶּרֶת קוֹרֵאָנִית.
그녀는 영어를 말한다.		הִיא מְדַבֶּרֶת אַנְגְּלִית.

말하다 (남/복)	→	מְדַבְּרִים [메다브림]
우리는 히브리어를 말한다. (남/복)		אֲנַחְנוּ מְדַבְּרִים עִבְרִית.
당신들은 한국어를 말한다. (남/복)		אַתֶּם מְדַבְּרִים קוֹרֵאָנִית.
그들은 영어를 말한다. (남/복)		הֵם מְדַבְּרִים אַנְגְּלִית.

말하다 (여/복)	→	מְדַבְּרוֹת [메다브로트]
우리는 히브리어를 말한다. (여/복)		אֲנַחְנוּ מְדַבְּרוֹת עִבְרִית.
당신들은 한국어를 말한다. (여/복)		אַתֶּן מְדַבְּרוֹת קוֹרֵאָנִית.
그녀들은 영어를 말한다.		הֵן מְדַבְּרוֹת אַנְגְּלִית.

조금 (부사)	→	קְצָת [크짜트]
나는 히브리어를 조금 할 줄 안다. (남)		אֲנִי מְדַבֵּר קְצָת עִבְרִית.
나는 히브리어를 조금 할 줄 안다. (여)		אֲנִי מְדַבֶּרֶת קְצָת עִבְרִית.

- '조금'이라는 의미의 부사 ' קְצָת [크짜트]'를 문장에 넣으면, '특정 언어를 조금 할 줄 안다'라는 표현을 완성할 수 있습니다.

2 '여행하다' 동사 학습

לְטַיֵּל

여행하다 (원형) [ל + י + ט] [레타옐]

~에, ~을(를) (위치, 장소)	→	בְּ [베]

- 전치사 בְּ 는 '여행하다'라는 뜻의 동사 ' לְטַיֵּל [레타옐]'과 함께 사용됩니다. 여행하는 장소 혹은 위치를 가리키는 전치사로 쓰입니다.

세계	→	עוֹלָם [올람]
(그) 세계	→	הָעוֹלָם [하올람]

- ' עוֹלָם [올람]'은 일반적인 의미에서의 세계를 가리킨다면, ' הָעוֹלָם [하올람]'과 같이 앞에 정관사가 붙으면서 우리가 살고 있는 이 세상 혹은 특정한 세계를 의미하게 됩니다.
- '세계를 여행한다'라고 표현할 때, 정관사가 연결된 ' הָעוֹלָם [하올람]'의 형태로 문장에서 사용됩니다.

(특정한 위치 혹은 장소) ~에	→	בְּ + הַ = בַּ [바]

◦ 전치사 בְּ 와 정관사 הַ 가 만나게 되면, 정관사의 모음은 전치사에 붙고 정관사의 자음은 사라지게 되면서 ' בַּ [바]'가 됩니다.

(그) 세계를	→	בָּעוֹלָם [바올람]

여행하다 (남/단)	→	מְטַיֵּל [메타옐]
나는 세계를 여행한다. (남)		אֲנִי מְטַיֵּל בָּעוֹלָם.
당신은 세계를 여행한다. (남)		אַתָּה מְטַיֵּל בָּעוֹלָם.
그는 세계를 여행한다.		הוּא מְטַיֵּל בָּעוֹלָם.

여행하다 (여/단)	→	מְטַיֶּלֶת [메타옐레트]
나는 세계를 여행한다. (여)		אֲנִי מְטַיֶּלֶת בָּעוֹלָם.
당신은 세계를 여행한다. (여)		אַתְּ מְטַיֶּלֶת בָּעוֹלָם.
그녀는 세계를 여행한다.		הִיא מְטַיֶּלֶת בָּעוֹלָם.

여행하다 (남/복)	→	מְטַיְּלִים [메타옐림]
우리는 세계를 여행한다. (남/복)		אֲנַחְנוּ מְטַיְּלִים בָּעוֹלָם.
그들은 세계를 여행한다. (남/복)		הֵם מְטַיְּלִים בָּעוֹלָם.

여행하다 (여/복)	→	מְטַיְּלוֹת [메타옐로트]
우리는 세계를 여행한다. (여/복)		אֲנַחְנוּ מְטַיְּלוֹת בָּעוֹלָם.
그녀들은 세계를 여행한다.		הֵן מְטַיְּלוֹת בָּעוֹלָם.

오늘은 '말하다'라는 의미의 히브리어 동사 'לְדַבֵּר [레다베르]'와, '여행하다'라는 뜻의 동사 'לְטַיֵּל [레타옐]'을 함께 배워 보았습니다. 다음 시간에는 '연주하다', '가르치다'라는 의미를 나타내는 동사들을 학습하겠습니다.

연습 문제

1 다음 우리말 단어를 알맞은 히브리어 단어로 적어 보세요.

① 말하다 (남/단) ______________________

② 말하다 (여/단) ______________________

③ 히브리어 ______________________

④ 한국어 ______________________

⑤ 영어 ______________________

⑥ 여행하다 (남/단) ______________________

⑦ 여행하다 (여/단) ______________________

⑧ ~에 (위치, 장소) ______________________

2 오늘 학습한 히브리어 표현의 뜻을 우리말로 해석해 보세요.

① ______________	אֲנִי מְדַבֵּר עִבְרִית.
② ______________	אֲנִי מְדַבֵּר קְצָת עִבְרִית.
③ ______________	אֲנִי מְדַבֶּרֶת עִבְרִית.
④ ______________	אֲנִי מְדַבֶּרֶת קְצָת עִבְרִית.
⑤ ______________	הוּא מְטַיֵּל בָּעוֹלָם.
⑥ ______________	הִיא מְטַיֶּלֶת בָּעוֹלָם.

정답 **תְּשׁוּבָה**

1 ① מְדַבֵּר ② מְדַבֶּרֶת ③ עִבְרִית ④ קוֹרֵאָנִית ⑤ אַנְגְּלִית ⑥ מְטַיֵּל ⑦ מְטַיֶּלֶת ⑧ בְּ

2 ① 나는 히브리어를 말한다. (남) ② 나는 히브리어를 조금 할 줄 안다. (남) ③ 나는 히브리어를 말한다. (여) ④ 나는 히브리어를 조금 할 줄 안다. (여) ⑤ 그는 세계를 여행한다. ⑥ 그녀는 세계를 여행한다.

오늘의 학습 정리

1 오늘의 단어

말하다 (남/단)	מְדַבֵּר [메다베르]	말하다 (남/복)	מְדַבְּרִים [메다브림]
말하다 (여/단)	מְדַבֶּרֶת [메다베레트]	말하다 (여/복)	מְדַבְּרוֹת [메다브로트]

여행하다 (남/단)	מְטַיֵּל [메타옐]	여행하다 (남/복)	מְטַיְּלִים [메타옐림]
여행하다 (여/단)	מְטַיֶּלֶת [메타옐레트]	여행하다 (여/복)	מְטַיְּלוֹת [메타옐로트]

~에, ~을(를) (위치, 장소)	→	בְּ
세계	→	עוֹלָם

2 오늘의 표현

나는 히브리어를 말한다. (남)	אֲנִי מְדַבֵּר עִבְרִית.
나는 히브리어를 말한다. (여)	אֲנִי מְדַבֶּרֶת עִבְרִית.
나는 히브리어를 조금 할 줄 안다. (남)	אֲנִי מְדַבֵּר קְצָת עִבְרִית.
나는 히브리어를 조금 할 줄 안다. (여)	אֲנִי מְדַבֶּרֶת קְצָת עִבְרִית.
그는 세계를 여행한다.	הוּא מְטַיֵּל בָּעוֹלָם.
그녀는 세계를 여행한다.	הִיא מְטַיֶּלֶת בָּעוֹלָם.

UNIT 28

당신은 기타를 연주한다.
אַתָּה מְנַגֵּן בְּגִיטָרָה.

1 이번 시간에는 '연주하다', '가르치다'라는 의미의 히브리어 동사를 각각 배우고 문장으로 활용해서 말해 보겠습니다.

1 '연주하다' 동사 활용

능동형	재귀형	수동형
פָּעַל [파알]		נִפְעַל [니프알]
פִּעֵל [피엘]	הִתְפַּעֵל [히트파엘]	פֻּעַל [푸알]
הִפְעִיל [히프일]		הֻפְעַל [후프알]

לְנַגֵּן
연주하다 (원형) [ן + ג + נ]

(악기) ~을 | **בְּ** [베]

◦ 전치사 בְּ 는 '연주하다'라는 뜻의 동사 'לְנַגֵּן [레나겐]'과 함께 사용됩니다. 여기서 전치사 בְּ 는 악기를 지칭하는 기능을 갖고 있습니다.

기타 (악기)	→	גִּיטָרָה [기타라]

연주하다 (남/단)	→	מְנַגֵּן [메나겐]
나는 기타를 연주한다. (남)		אֲנִי מְנַגֵּן בְּגִיטָרָה.
당신은 기타를 연주한다. (남)		אַתָּה מְנַגֵּן בְּגִיטָרָה.

연주하다 (여/단)	→	מְנַגֶּנֶת [메나게네트]
나는 기타를 연주한다. (여)		אֲנִי מְנַגֶּנֶת בְּגִיטָרָה.
당신은 기타를 연주한다. (여)		אַתְּ מְנַגֶּנֶת בְּגִיטָרָה.

연주하다 (남/복)	→	מְנַגְּנִים [메나그님]
우리는 기타를 연주한다. (남/복)		אֲנַחְנוּ מְנַגְּנִים בְּגִיטָרָה.
당신들은 기타를 연주한다. (남/복)		אַתֶּם מְנַגְּנִים בְּגִיטָרָה.

연주하다 (여/복)	→	מְנַגְּנוֹת [메나그노트]
우리는 기타를 연주한다. (여/복)		אֲנַחְנוּ מְנַגְּנוֹת בְּגִיטָרָה.
당신들은 기타를 연주한다. (여/복)		אַתֶּן מְנַגְּנוֹת בְּגִיטָרָה.

바이올린 (악기)	→	כִּנּוֹר [키노르]

그는 바이올린을 연주한다. (남)	הוּא מְנַגֵּן בְּכִנּוֹר.
그녀는 바이올린을 연주한다.	הִיא מְנַגֶּנֶת בְּכִנּוֹר.

◦ 전치사 בְּ 뒤에 다른 악기의 이름을 넣어서 문장을 응용할 수 있습니다.

2 '가르치다' 동사 학습

לְלַמֵּד
가르치다 (원형) [ד + מ + ל]

לִלְמוֹד
공부하다 (원형) [ד + מ + ל]

לִלְמוֹד [ד + מ + ל] **공부하다**	לְלַמֵּד [ד + מ + ל] **가르치다**

◦ '공부하다'라는 의미의 동사 ' לִלְמוֹד [릴모드]'와, '가르치다'라는 뜻의 ' לְלַמֵּד [렐라메드]'는 같은 어근을 가지고 있습니다. 이 두 동사 모두 '배움', '학습'과 관련이 있습니다.

아이 (남/단)	→	יֶלֶד [옐레드]
아이들 (남/복)	→	יְלָדִים [옐라딤]

가르치다 (남/단)	→	מְלַמֵּד [멜라메드]
나는 아이들을 가르친다. (남)		אֲנִי מְלַמֵּד יְלָדִים.
당신은 아이들을 가르친다. (남)		אַתָּה מְלַמֵּד יְלָדִים.
그는 아이들을 가르친다.		הוּא מְלַמֵּד יְלָדִים.

가르치다 (여/단)	→	מְלַמֶּדֶת [멜라메데트]
나는 아이들을 가르친다. (여)		אֲנִי מְלַמֶּדֶת יְלָדִים.
당신은 아이들을 가르친다. (여)		אַתְּ מְלַמֶּדֶת יְלָדִים.
그녀는 아이들을 가르친다.		הִיא מְלַמֶּדֶת יְלָדִים.

가르치다 (남/복)	→	מְלַמְּדִים [멜람딤]
우리는 아이들을 가르친다. (남/복)		אֲנַחְנוּ מְלַמְּדִים יְלָדִים.
그들은 아이들을 가르친다. (남/복)		הֵם מְלַמְּדִים יְלָדִים.

가르치다 (여/복)	→	מְלַמְּדוֹת [멜람도트]
우리는 아이들을 가르친다. (여/복)		אֲנַחְנוּ מְלַמְּדוֹת יְלָדִים.
그녀들은 아이들을 가르친다.		הֵן מְלַמְּדוֹת יְלָדִים.

정리 סִכּוּם

오늘은 '연주하다'라는 의미를 가지고 있는 히브리어 동사 ' לְנַגֵּן [레나겐]'과, '가르치다'라는 뜻의 동사 ' לְלַמֵּד [렐라메드]'를 배워 보았습니다. 다음 시간에는 무언가를 '원하다'라는 의미의 동사를 활용해서 말하기를 해 보겠습니다.

연습 문제

1 다음 우리말 단어를 알맞은 히브리어 단어와 연결해 보세요.

① 기타 (악기) •	• מְנַגֵּן
② 연주하다 (남/단) •	• מְנַגֶּנֶת
③ 연주하다 (여/단) •	• גִּיטָרָה
④ 아이 (남/단) •	• מְלַמֵּד
⑤ 아이들 (남/복) •	• מְלַמֶּדֶת
⑥ 가르치다 (남/단) •	• יֶלֶד
⑦ 가르치다 (여/단) •	• יְלָדִים

2 오늘 학습한 히브리어 표현의 뜻을 우리말로 해석해 보세요.

① ______________ אֲנִי מְנַגֵּן בְּגִיטָרָה.

② ______________ אֲנִי מְנַגֶּנֶת בְּגִיטָרָה.

③ ______________ הוּא מְנַגֵּן בְּכִנּוֹר.

④ ______________ הִיא מְנַגֶּנֶת בְּכִנּוֹר.

⑤ ______________ אֲנִי מְלַמֵּד יְלָדִים.

⑥ ______________ אֲנִי מְלַמֶּדֶת יְלָדִים.

정답 **תְּשׁוּבָה**

1 ① גִּיטָרָה ② מְנַגֵּן ③ מְנַגֶּנֶת ④ יֶלֶד ⑤ יְלָדִים ⑥ מְלַמֵּד ⑦ מְלַמֶּדֶת

2 ① 나는 기타를 연주한다. (남) ② 나는 기타를 연주한다. (여) ③ 그는 바이올린을 연주한다. ④ 그녀는 바이올린을 연주한다. ⑤ 나는 아이들을 가르친다. (남) ⑥ 나는 아이들을 가르친다. (여)

오늘의 학습 정리

1 오늘의 단어

לְנַגֵּן
연주하다 (원형) [레나겐]

연주하다 (남/단)	**מְנַגֵּן** [메나겐]	연주하다 (남/복)	**מְנַגְּנִים** [메나그님]
연주하다 (여/단)	**מְנַגֶּנֶת** [메나게네트]	연주하다 (여/복)	**מְנַגְּנוֹת** [메나그노트]

לְלַמֵּד
가르치다 (원형) [렐라메드]

가르치다 (남/단)	**מְלַמֵּד** [멜라메드]	가르치다 (남/복)	**מְלַמְּדִים** [멜람딤]
가르치다 (여/단)	**מְלַמֶּדֶת** [멜라메데트]	가르치다 (여/복)	**מְלַמְּדוֹת** [멜람도트]

기타 (악기)	→	**גִּיטָרָה**
바이올린	→	**כִּנּוֹר**

2 오늘의 표현

당신은 기타를 연주한다. (남)	**אַתָּה מְנַגֵּן בְּגִיטָרָה.**
당신은 기타를 연주한다. (여)	**אַתְּ מְנַגֶּנֶת בְּגִיטָרָה.**
당신들은 기타를 연주한다. (남/복)	**אַתֶּם מְנַגְּנִים בְּגִיטָרָה.**
당신들은 기타를 연주한다. (여/복)	**אַתֶּן מְנַגְּנוֹת בְּגִיטָרָה.**

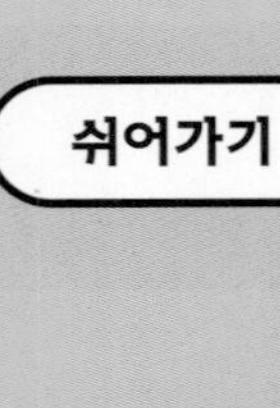

쉬어가기

부림절의 유래와 풍습

이스라엘의 부림절

이스라엘에는 부림절이라는 명절이 있습니다. 히브리어로는 ' פּוּרִים [푸림]' 이라고 하는데요. 구약 성경의 에스더서를 보면 하만이라는 사람이 유대 민족을 멸절시키려는 음모를 꾸밉니다. 참고로, 하만은 그 당시 페르시아의 왕이었던 아하수에로의 총애를 받는 신하였습니다. 그러나 에스더와 에스더의 사촌인 모르드개가 함께 지혜를 발휘해 위기를 무사히 넘기게 됩니다. 유대 민족이 멸절될 위기로부터 벗어난 것을 기념하고 기뻐하는 명절이 바로 부림절입니다.

부림절의 배경이 되는 이야기의 주인공인 에스더는 히브리어로 ' אֶסְתֵּר [에쓰테르]'라고 읽습니다. 에스더는 페르시아의 왕 아하수에로의 특별한 사랑을 받아 그의 왕비가 되었다고 합니다. 어떤 학자들은 에스더서에 등장하는 페르시아의 아하수에로 왕이 영화 300에 등장하는 크세르크세스와 동일 인물이라고 주장하기도 합니다.

이스라엘 사람들은 지금도 유대력으로 ' אֲדָר [아다르]'월 14일이 되면 부림절을 지킵니다. 히브리력으로도 불리는 유대력은 태양과 달의 움직임을 모두 고려하는 유대교 전통의 역법입니다. 우리나라의 음력 날짜를 양력 날짜 기준으로 세면 매년 날짜가 조금씩 바뀌는 것과 유사한 개념으로서, 현대 달력을 기준으로 했을 때 정확한 날짜는 매년 조금씩 차이가 있습니다. 이스라엘에서는 보통 2월에서 3월 사이에 부림절을 지킵니다.

부림절을 대표하는 과자, 오젠 하만

부림절에 이스라엘 사람들은 ' אֹזֶן הָמָן [오젠 하만]'이라는 과자를 즐겨 먹습니다. 여기서 ' אֹזֶן [오젠]'은 히브리어로 신체의 귀를 뜻하고, ' הָמָן [하만]'은 위에서 언급한 유대 민족을 위험에 처하게 했던 페르시아 왕의 신하입니다. 그래서 이 과자의 이름은 히브리어로 '하만의 귀'라는 뜻을 갖고 있습니다. 보통은 밀가루 반죽 안에 초콜릿이나 대추야자 잼을 넣은 다음, 귀 모양과 같은 삼각형을 만들어 오븐에 굽습니다. 달콤한 맛을 내는 이 과자는 부림절을 대표하는 음식입니다.

PART 10

향료 교역로, 네게브 지역의 사막 도시

Incense Route- Desert Cities in the Negev

다양한 동사 학습하기

'원하다', '할 수 있다' 표현하기

UNIT 29

나는 원한다.
אֲנִי רוֹצֶה.

1 이번 시간에는 무언가를 '원하다'라는 의미의 동사를 학습하고, '나는 선물을 원한다'와 같은 형태의 문장으로 응용해서 말해 보겠습니다.

1 '원하다' 동사 학습

능동형	재귀형	수동형
פָּעַל [파알]		נִפְעַל [니프알]
פִּעֵל [피엘]	הִתְפַּעֵל [히트파엘]	פֻּעַל [푸알]
הִפְעִיל [히프일]		הֻפְעַל [후프알]

לִרְצוֹת
원하다 (원형) [리르쪼트]

לִרְצוֹת
원하다 (원형) [י + צ + ר]

원하다 (남/단)	→	רוֹצֶה [로쩨]
나는 원한다. (남)		אֲנִי רוֹצֶה.
당신은 원한다. (남)		אַתָּה רוֹצֶה.
그는 원한다.		הוּא רוֹצֶה.

원하다 (여/단)	→	רוֹצָה [로짜]
나는 원한다. (여)		אֲנִי רוֹצָה.
당신은 원한다. (여)		אַתְּ רוֹצָה.
그녀는 원한다.		הִיא רוֹצָה.

원하다 (남/복)	→	רוֹצִים [로찜]
우리는 원한다. (남/복)		אֲנַחְנוּ רוֹצִים.
당신들은 원한다. (남/복)		אַתֶּם רוֹצִים.
그들은 원한다. (남/복)		הֵם רוֹצִים.

원하다 (여/복)	→	רוֹצוֹת [로쪼트]
우리는 원한다. (여/복)		אֲנַחְנוּ רוֹצוֹת.
당신들은 원한다. (여/복)		אַתֶּן רוֹצוֹת.
그녀들은 원한다.		הֵן רוֹצוֹת.

2 '원하다' 동사 활용

아니요	네
לֹא	כֵּן
[로]	[켄]

나는 안 원한다. (남)	→	אֲנִי לֹא רוֹצֶה.
그는 안 원한다.	→	הוּא לֹא רוֹצֶה.
나는 안 원한다. (여)	→	אֲנִי לֹא רוֹצָה.
그녀는 안 원한다.	→	הִיא לֹא רוֹצָה.

쏙! 기억하기

우리는 안 원한다. (남/복)	אֲנַחְנוּ לֹא רוֹצִים.
그들은 안 원한다. (남/복)	הֵם לֹא רוֹצִים.
우리는 안 원한다. (여/복)	אֲנַחְנוּ לֹא רוֹצוֹת.
그녀들은 안 원한다.	הֵן לֹא רוֹצוֹת.

무엇	→	מָה [마]

당신은 무엇을 원하나요? (남)	מָה אַתָּה רוֹצֶה?

아이스크림	→	גְּלִידָה [글리다]
나는 아이스크림을 원해요. (남)		אֲנִי רוֹצֶה גְּלִידָה.

쏙! 기억하기

당신은 무엇을 원하나요? (여)	מָה אַתְּ רוֹצָה?
나는 아이스크림을 원해요. (여)	אֲנִי רוֹצָה גְּלִידָה.
당신들은 무엇을 원하나요? (남/복)	מָה אַתֶּם רוֹצִים?
우리는 아이스크림을 원해요. (남/복)	אֲנַחְנוּ רוֹצִים גְּלִידָה.
당신들은 무엇을 원하나요? (여/복)	מָה אַתֶּן רוֹצוֹת?
우리는 아이스크림을 원해요. (여/복)	אֲנַחְנוּ רוֹצוֹת גְּלִידָה.

선물	→	מַתָּנָה [마타나]
나는 선물을 원해요. (남)		אֲנִי רוֹצֶה מַתָּנָה.
나는 선물을 원해요. (여)		אֲנִי רוֹצָה מַתָּנָה.
우리는 선물을 원해요. (남/복)		אֲנַחְנוּ רוֹצִים מַתָּנָה.
우리는 선물을 원해요. (여/복)		אֲנַחְנוּ רוֹצוֹת מַתָּנָה.

오늘은 무언가를 '원하다'라는 의미를 가지고 있는 동사 ' לִרְצוֹת [리르쪼트]'를 함께 학습해 보았습니다. 다음 시간에는 무언가를 '할 수 있다'라는 의미의 동사를 배우고, 히브리어 문장으로 활용하여 말해 보겠습니다.

연습 문제

1 다음 히브리어 단어의 뜻을 우리말로 적어 보세요.

① ______	רוֹצֶה
② ______	רוֹצָה
③ ______	רוֹצִים
④ ______	רוֹצוֹת
⑤ ______	מָה
⑥ ______	גְּלִידָה
⑦ ______	מַתָּנָה

2 오늘 배운 표현들을 떠올리며 히브리어로 작문해 보세요.

① 당신은 무엇을 원하나요? (남성에게) ______

② 당신은 무엇을 원하나요? (여성에게) ______

③ 나는 아이스크림을 원해요. (남) ______

④ 나는 아이스크림을 원해요. (여) ______

⑤ 나는 선물을 원해요. (남) ______

⑥ 나는 선물을 원해요. (여) ______

정답 תְּשׁוּבָה

1 ① 원하다 (남/단) ② 원하다 (여/단) ③ 원하다 (남/복) ④ 원하다 (여/복) ⑤ 무엇 ⑥ 아이스크림 ⑦ 선물

2 ① מָה אַתָּה רוֹצֶה? ② מָה אַתְּ רוֹצָה? ③ אֲנִי רוֹצֶה גְּלִידָה. ④ אֲנִי רוֹצָה גְּלִידָה. ⑤ אֲנִי רוֹצֶה מַתָּנָה. ⑥ אֲנִי רוֹצָה מַתָּנָה.

오늘의 학습 정리

1 오늘의 단어

לִרְצוֹת 원하다 (원형) [리르쪼트]	
원하다 (남/단)	רוֹצֶה [로쩨]
원하다 (여/단)	רוֹצָה [로짜]
원하다 (남/복)	רוֹצִים [로찜]
원하다 (여/복)	רוֹצוֹת [로쪼트]

무엇	→	מָה
아이스크림	→	גְּלִידָה
선물	→	מַתָּנָה

2 오늘의 표현

당신은 무엇을 원하나요? (남)	מָה אַתָּה רוֹצֶה?
저는 아이스크림을 원해요. (남)	אֲנִי רוֹצֶה גְּלִידָה.
당신은 무엇을 원하나요? (여)	מָה אַתְּ רוֹצָה?
저는 선물을 원해요. (여)	אֲנִי רוֹצָה מַתָּנָה.

UNIT 30

나는 할 수 있다.
.אֲנִי יָכוֹל

1 이번 시간에는 무언가를 '할 수 있다'라는 의미의 동사를 배우고, '나는 기타를 연주할 수 있다.', '나는 바이올린을 연주할 수 있다.'와 같이 문장으로 응용해서 말해 보겠습니다.

1 동사 יָכוֹל

할 수 있다 (남/단)	→	יָכוֹל [야콜]
나는 할 수 있다. (남)		.אֲנִי יָכוֹל
당신은 할 수 있다. (남)		.אַתָּה יָכוֹל
그는 할 수 있다.		.הוּא יָכוֹל

할 수 있다 (여/단)	→	יְכוֹלָה [예콜라]
나는 할 수 있다. (여)		.אֲנִי יְכוֹלָה
당신은 할 수 있다. (여)		.אַתְּ יְכוֹלָה
그녀는 할 수 있다.		.הִיא יְכוֹלָה

할 수 있다 (남/복)	→	יְכוֹלִים [예콜림]
우리는 할 수 있다. (남/복)		אֲנַחְנוּ יְכוֹלִים.
당신들은 할 수 있다. (남/복)		אַתֶּם יְכוֹלִים.
그들은 할 수 있다. (남/복)		הֵם יְכוֹלִים.

할 수 있다 (여/복)	→	יְכוֹלוֹת [예콜로트]
우리는 할 수 있다. (여/복)		אֲנַחְנוּ יְכוֹלוֹת.
당신들은 할 수 있다. (여/복)		אַתֶּן יְכוֹלוֹת.
그녀들은 할 수 있다.		הֵן יְכוֹלוֹת.

할 수 있다 (남/단)	→	יָכוֹל [야콜]
할 수 있다 (여/단)	→	יְכוֹלָה [예콜라]
할 수 있다 (남/복)	→	יְכוֹלִים [예콜림]
할 수 있다 (여/복)	→	יְכוֹלוֹת [예콜로트]

쏙! 기억하기

그는 할 수 없다.	הוּא לֹא יָכוֹל.
그녀는 할 수 없다.	הִיא לֹא יְכוֹלָה.
그들은 할 수 없다. (남/복)	הֵם לֹא יְכוֹלִים.
그녀들은 할 수 없다.	הֵן לֹא יְכוֹלוֹת.

2 동사 יָכוֹל 의 활용

동사 원형	יָכוֹל
לְנַגֵּן [레나겐] 연주하다	יְכוֹלָה
	יְכוֹלִים
	יְכוֹלוֹת

◦ 동사 ' יָכוֹל [야콜]' 뒤에 다른 동사의 원형을 넣어서 보다 구체적으로 의미를 전달할 수 있습니다. 예를 들어, '연주하다'라는 의미의 '동사 원형'인 ' לְנַגֵּן [레나겐]'을, '할 수 있다'라는 의미의 동사 ' יָכוֹל [야콜]' 뒤에 넣으면 '연주할 수 있다'라는 표현이 됩니다.

쏙! 기억하기

나는 연주할 수 있다. (남)	אֲנִי יָכוֹל לְנַגֵּן.
나는 연주할 수 있다. (여)	אֲנִי יְכוֹלָה לְנַגֵּן.
우리는 연주할 수 있다. (남/복)	אֲנַחְנוּ יְכוֹלִים לְנַגֵּן.
우리는 연주할 수 있다. (여/복)	אֲנַחְנוּ יְכוֹלוֹת לְנַגֵּן.

◦ 전치사 בְּ 뒤에 악기의 이름을 넣어 문장을 활용할 수 있습니다.

기타 (악기)	→	גִּיטָרָה [기타라]
바이올린	→	כִּנּוֹר [키노르]
피아노	→	פְּסַנְתֵּר [프싼테르]
하프	→	נֶבֶל [네벨]

이번 시간에는 무언가를 '할 수 있다'라는 의미의 동사 ' יָכוֹל [야콜]'을 학습해 보았습니다. 지금까지 본서를 통해 히브리어를 학습하신 여러분 모두 수고 많으셨으며, 언제 어디서나 여러분의 히브리어 학습을 응원하겠습니다.

연습 문제

1 다음 우리말 단어를 알맞은 히브리어 단어로 적어 보세요.

① 할 수 있다 (남/단) ______

② 할 수 있다 (여/단) ______

③ 할 수 있다 (남/복) ______

④ 할 수 있다 (여/복) ______

⑤ 기타 (악기) ______

⑥ 바이올린 (악기) ______

⑦ 피아노 (악기) ______

⑧ 하프 (악기) ______

2 오늘 학습한 히브리어 표현의 뜻을 우리말로 해석해 보세요.

① ______	אֲנִי יָכוֹל.
② ______	אֲנִי יְכוֹלָה.
③ ______	הוּא לֹא יָכוֹל.
④ ______	הִיא לֹא יְכוֹלָה.
⑤ ______	אֲנִי יָכוֹל לְנַגֵּן.
⑥ ______	אֲנִי יְכוֹלָה לְנַגֵּן.

정답 **תְּשׁוּבָה**

1 ① יָכוֹל ② יְכוֹלָה ③ יְכוֹלִים ④ יְכוֹלוֹת ⑤ גִּיטָרָה ⑥ כִּנּוֹר ⑦ פְּסַנְתֵּר ⑧ נֵבֶל

2 ① 나는 할 수 있다. (남) ② 나는 할 수 있다. (여) ③ 그는 할 수 없다. ④ 그녀는 할 수 없다. ⑤ 나는 연주할 수 있다. (남) ⑥ 나는 연주할 수 있다. (여)

오늘의 학습 정리

1 오늘의 단어

할 수 있다 (남/단)	→	יָכוֹל
할 수 있다 (여/단)	→	יְכוֹלָה
할 수 있다 (남/복)	→	יְכוֹלִים
할 수 있다 (여/복)	→	יְכוֹלוֹת

기타 (악기)	→	גִּיטָרָה
바이올린	→	כִּנּוֹר
피아노	→	פְּסַנְתֵּר
하프	→	נֵבֶל

2 오늘의 표현

나는 할 수 있다. (남)	אֲנִי יָכוֹל.
나는 할 수 있다. (여)	אֲנִי יְכוֹלָה.
나는 연주할 수 있다. (남)	אֲנִי יָכוֹל לְנַגֵּן.
나는 연주할 수 있다. (여)	אֲנִי יְכוֹלָה לְנַגֵּן.

하누카의 유래와 풍습

하누카의 유래

하누카는 이스라엘의 대표적인 명절들 중 하나입니다. 히브리어로 ‘ חֲנֻכָּה [하누카]’는 ‘봉헌’을 뜻합니다. 봉헌을 뜻하는 하누카는 안티오쿠스 4세에게 함락되어 지배당했던 예루살렘 성전을 다시 봉헌한다는 데에서 유래했습니다.

하누카의 풍습

이스라엘 사람들은 지금도 유대력으로 ‘ כִּסְלֵו [키쓸레브]’월 25일이 되면 하누카를 지킵니다. 키쓸레브월은 유대력의 아홉 번째 달로서, 현대 달력 기준으로 11월 혹은 12월에 해당합니다. 하누카 기간에는 ‘ חֲנֻכִּיָּה [하누키야]’라고 불리는 9개의 촛대에 촛불을 켭니다. 중앙에 있는 촛대에 불을 밝히고 하누카 기간 8일 동안 날마다 초 하나씩 불을 켜며 하누카를 기념합니다.

하누카에는 ‘ סֻפְגָּנִיָּה [쑤프가니야]’라는 음식을 즐겨 먹습니다. 쑤프가니야는 도넛처럼 기름에 튀긴 빵에 딸기잼이나 초콜릿을 넣어 먹는 간식입니다. 하누카의 대표적인 상징 중 하나가 바로 쑤프가니야입니다.